AF454713

RECUEIL

DES

TESTAMENS

POLITIQUES,

Tome I.

RECUEIL DES TESTAMENS

POLITIQUES

Du Cardinal DE RICHELIEU, du Duc
DE LORRAINE, de M. COLBERT
& de M. DE LOUVOIS,

DIVISÉ EN IV. VOLUMES.

TOME I.

*Contenant la premiere Partie du Testament
du Cardinal DE RICHELIEU.*

A AMSTERDAM,

Chez ZACHARIE CHATELAIN
sur le Dam.

M. DCC. XLIX.

AVIS
DES LIBRAIRES

sur cette nouvelle Édition.

LEs quatre Teſtamens Politiques des hommes célébres à qui on a juſte ſujet de les attribuer, ont toujours paſſé pour des chefs-d'œuvres dans leur genre : ils ont tellement mérité l'eſtime des ſçavans, que ce ſeroit une perte pour la République des Lettres de les laiſſer périr par la diſette des Editions. Ainſi, c'eſt un ſervice qu'on a rendu au public de faire réimprimer ces ouvrages, parce que les Editions précédentes étoient devenues très-rares ; outre cela, il s'y étoit gliſſé un ſi grand nombre de fautes, & l'ortographe y étoit ſi défigurée, que le Lecteur en étoit choqué au premier coup d'œil. On a donc fait un corps complet de ces quatre morceaux curieux, qui renferment l'eſprit & le cœur des plus

Tome 1. a grands

grands connoiſſeurs dans le Gouvernement des Etats. On a apporté une
grande attention à rendre cette nouvelle Edition très-exacte, & capable même de plaire aux yeux par le matériel
de l'ouvrage : C'eſt ce qui fait eſperer
que le public la verra avec ſatisfaction.

AVER-

AVERTISSEMENT

SUR

LE TESTAMENT POLITIQUE
DU CARDINAL
DE RICHELIEU.

IL seroit fort surprenant que cet ouvrage eût pu demeurer caché si long-tems, si l'importance du sujet, & l'usage auquel le Cardinal de Richelieu l'avoit destiné, ne donnoient à connoître qu'il n'avoit pas intention qu'on le manifestât : Mais comme les mystéres ne subsistent ordinairement qu'un certain tems, & qu'il n'est pas possible d'empêcher que des Ecrits de cette nature se confient à des gens peu discrets, il n'y a pas lieu de s'étonner s'ils tombent enfin entre les mains des personnes qui sont bien-aises d'en faire part à tout le monde.

Ce seroit faire tort au jugement du Public, de s'imaginer qu'il pût méconnoî-tre cet ouvrage ; d'ailleurs, quoique l'on ne puisse être trop circonspect pour ne se point prévenir faussement, il est impossi-

a 2   ble

ble après avoir lu celui-ci, de n'y pas ap-
percevoir tous les caractéres de l'esprit
du Cardinal ; l'élévation & la beauté de
son génie, le plus vaste qui se soit vu depuis long-tems, joint a la noblesse de ses
expressions, se rencontrent entierement
ici ; mais outre cela, quelle diversité de
matiéres n'y trouve-t'on pas ? toutes
traitées avec tant de solidité, que l'on
voit bien qu'il les connoissoit par une profonde méditation soutenue d'une expérience consommée, & qu'il étoit seul capable de les mettre au jour.

Si l'on prend un extrême plaisir à lire
dans les meilleurs Auteurs, les réfléxions
& les préceptes Politiques qu'ils donnent
sur les principaux événemens qu'ils ra-
content, il se trouve bien diminué, quand
on considére que la plupart ne raisonnent
qu'après coup, & dans le Cabinet, mais
qu'ils seroient eux-mêmes bien empêchés
à se démêler de la moindre négociation,
ou de la moindre intrigue épineuse ; Il
n'en est pas de même de ce Testament
Politique. C'est un favori & un premier
Ministre d'Etat qui a gouverné plus de
vingt-cinq ans l'un des plus considérables
Royaumes de l'Europe, qui l'a guidé, &
pour ainsi dire, l'a tenu par la main dans

les

les premiers pas de son aggrandissement, qui ne prescrit aucun conseil, qu'il ne l'ait lui-même mis en pratique plusieurs fois ; & qui enfin, par sa fermeté & par son courage, a surmonté une infinité d'obstacles & d'intrigues, qui auroient accablé tout autre que lui.

Il n'y eut donc jamais ouvrage plus utile à ceux qui sont appellés au maniement des affaires ; les Rois, les Princes, les Favoris, les Ministres, les Conseillers d'Etat, les Ecclésiastiques, les Nobles, les Magistrats, les Courtisans, enfin, toutes sortes de personnes, trouvent ici un amas d'instructions d'un prix inestimable.

Ce n'est pas que cet ouvrage soit dans l'état où il seroit sans doute, s'il eût pu le repasser avec quelque loisir ; mais quoiqu'on y découvre quelques négligences, & des expressions moins heureuses que les autres, néanmoins toutes ses parties composent un si beau tout, que ces petits défauts ne doivent être considérés que comme les endroits de ces beaux tableaux, lesquels quoique négligés en quelques endroits, font cependant connoître l'habileté de l'artisan.

Ce seroit une témérité extraordinaire de
vouloir

vouloir par des paroles relever l'excel-
lence d'un ouvrage, qui se soutient si bien
par lui-même, & qui est infiniment au-
dessus de tous les éloges qu'on lui vou-
droit donner; la lecture d'un seul Chapi-
tre en fera beaucoup plus comprendre
que tout ce qu'on en pourroit dire.

La premiere Edition de ce Lvre, &
les autres qui ont suivi de près, ont été
faites sur un Manuscrit qui paroît au
moins de 36. ans & qui a été écrit avec
beaucoup de précipitation, étant de deux
différentes mains sans rature, & ayant
beaucoup de fautes. Les plus essentielles
ont été rétablies dans cette nouvelle edi-
tion, mais l'on a mieux aimé laisser les
autres, crainte de donner un sens éloigné
de celui de l'Auteur

Il n'y a pas jusqu'à la table qui ne
paroisse avoir été faite par le Cardinal
de Richelieu lui-même : comme il étoit
extrêmement méthodique, il y a appa-
rence qu'il a commencé son ouvrage par
cette table, afin que les matieres n'anti-
cipassent pas les unes sur les autres.

On sera sans doute surpris du titre du
premier Chapitre, qui parle de la paix
générale, & dont il vouloit marquer l'an-
née qu'il a laissée en blanc, puisque pour

lors

lors il n'y eut point de Paix générale, mais on a voulu suivre en cela le Manuscrit ; c'étoit apparemment son dessein d'y parvenir, & **de** conclure par-là le recit des grandes actions du Roi son maître.

Pour le tems auquel cet ouvrage a été fait, il est à présumer qu'il y a travaillé à diverses reprises ; dans le premier Chapitre il conduit le recit des actions du Roi jusqu'en seize cens trente-huit ; cependant en d'autres endroits il paroît qu'il écrivoit en seize cens trente-cinq, puisqu'il ne donne alors au Roi que vingt-cinq ans de regne. On peut douter aussi si ce qu'il a écrit sur les Jésuites, est avant ou après les intrigues que le Pere Caussin, Confesseur du Roi, & le Pere Monad, Confesseur de la Duchesse de Savoie, firent pour l'éloigner de la Cour, & ce qui pensa leur réussir ; s'il a écrit ce chapitre après qu'il eut dissipé cette intrigue, on ne sçauroit trop admirer la moderation qu'il a eue d'en parler si sobrement, s'il l'a écrit auparavant, on ne peut que le louer beaucoup, d'avoir laissé son ouvrage dans son premier état, & de n'y avoir pas fait paroître plus de marques de ressentiment.

Comme

Comme il ne parle point de la naiſſance de Louis XIV. on peut injérer que ce
Teſtament étoit déja fait, cet événement étant trop conſidérable pour avoir
oublié d'en parler. Il faut conſidérer
d'ailleurs, que long-tems avant ſa mort
il n'écrivoit plus, à cauſe de l'incommo-
dité qu'il avoit au bras, étant obligé de
dicter toutes ſes dépêches ; & comme apparemment il n'a pas voulu faire écrire
ſon Teſtament Politique par une autre
main, il ne s'eſt plus trouvé en état d'y
travailler lui-même, c'eſt ce qui peut
avoir cauſé cette omiſſion.

Toutes les notes qui ſe trouvent dans
les premieres éditions ſont du Manuſ-
crit, mais les Obſervations hiſtoriques
ſur le Chapitre premier, ont été commu-
niquées depuis peu S'il y a jamais eu
d'ouvrage qui méritât des remarques,
on peut dire que c'eſt celui-ci ; c'eſt ce
qui engagea Monſieur l'Abbé de Saint
Pierre à en enrichir l'Edition de 1740.

TABLE.

TABLE
DES MATIERES
Contenues en ce Volume.

PREMIERE PARTIE.

TABLE.

T A B L E.

FIN DE LÁ TABLE.

TES-

TESTAMENT
POLITIQUE
DU CARDINAL
DUC DE RICHELIEU,
AU ROI.

Sire,

Aussi-tôt qu'il a plu à Votre Majesté', me donner part au maniement
de ses affaires, je me proposai de n'oublier aucune chose qui pût dépendre de
mon industrie, pour faciliter les grands
desseins qu'Elle avoit, aussi utiles à cet
Etat, que glorieux à sa personne.

Dieu ayant béni mes intentions jus-
ques à tel point, que la vertu & le bonheur de V. M. ont étonné le siécle pré-

Tome I.　　　　　A　　　　sent

ſent, & ſeront en admiration à ceux de l'avenir. J'eſtimai que les glorieux ſuccès qui lui ſont arrivés m'obligeoient à lui faire ſon hiſtoire, tant pour empêcher que beaucoup de circonſtances, dignes de ne mourir jamais dans la mémoire de hommes, ne fuſſent enſévelies dans l'oubli, par l'ignorance de ceux qui ne les peuvent ſçavoir comme moi, qu'afin que le paſſé ſervît de régle à l'avenir. Peu de tems après avoir eu cette penſée, je me mis à y travailler, croyant que je ne pouvois commencer trop tôt, ce que je ne devois finir qu'avec ma vie.

J'amaſſai non-ſeulement avec ſoin la matiere d'un tel ouvrage, mais qui plus eſt, j'en réduiſis une partie en ordre, & mis le cours de quelques années quaſi en l'état auquel je prétendois le mettre au jour.

J'avoue qu'encore qu'il y ait plus de contentement à fournir la matiere de l'hiſtoire, qu'à lui donner la forme, ce ne m'étoit pas peu de plaiſir de repréſenter ce qui ne s'étoit fait qu'avec peine.

Comme je goûtois la douceur de ce travail, les maladies & les continuelles incommodités auſquelles la foibleſſe

de

de ma compléxion s'eſt trouvée ſujette, jointes au faix des affaires , me contraignirent de l'abandonner , pour être de trop longue haleine.

Etant réduit à cette extrémité de ne pouvoir faire en ce ſujet , ce que je déſirois avec paſſion pour la gloire de votre perſonne , & pour l'avantage de votre Etat ; j'ai cru qu'au moins je ne pouvois me diſpenſer de laiſſer à V. M. quelques mémoires de ce que j'eſtime le plus important pour le Gouvernement de ce Royaume , ſans en être reſponſable devant Dieu.

Deux choſes m'obligent à entreprendre cet Ouvrage. La premiere eſt la crainte & le deſir que j'ai de finir mes jours avant que le cours des vôtres ſe termine.

La ſeconde eſt la fidéle paſſion que j'ai pour les intérêts de V. M. laquelle me fait non - ſeulement deſirer de la voir comblée de proſpérité durant ma vie ; mais me fait encore ſouhaiter ardemment d'avoir lieu d'en pouvoir voir la continuation , lorſque le tribut inévitable que chacun doit payer à la nature, m'empêchera d'en pouvoir être le témoin.

A 2 Cette

Cette Piéce verra le jour sous le ti-tre de mon Teſtament Politique ; parce qu’elle eſt faite pour ſervir après ma mort à la Police & à la conduite de vo-tre Royaume, ſi V. M. l’en juge digne. Parce qu’elle contiendra mes derniers deſirs à cet égard, & qu’en vous la laiſ-ſant, je conſigne à V. M. tout ce que je lui puis léguer de meilleur, quand il plaira à Dieu m’appeller de cette vie.

Elle ſera conçue en termes les plus courts, & les plus nets qu’il me ſera poſſible, tant pour ſuivre mon génie & ma façon d’écrire ordinaire, que pour m’accommoder à l’humeur de V. M. qui a toujours aimé qu’on vînt au point en peu de mots, & qui fait au-tant d’état de la ſubſtance des choſes, qu’Elle appréhende les longs diſcours dont la plûpart des hommes ſe ſervent pour les exprimer,

Si mon ombre, qui paroîtra dans ces Mémoires, peut après ma mort con-tribuer quelque choſe au Réglement de ce grand Etat, au maniement duquel il vous a plu me donner plus de part que je n’en mérite ; je m’eſtimerai extrême-ment heureux.

Pour parvenir à cette fin, jugeant
avec

avec raifon, que le fuccès qu'il a plu à Dieu donner par le paffé aux réfolutions que V. M. a prifes avec fes plus fidéles créatures, eft un très - puiffant motif pour la convier à fuivre les avis que je lui veux donner pour l'avenir ; je commencerai cet Ouvrage, en lui mettant devant les yeux un tableau racourci de fes grandes actions paffées, qui la comblent de gloire , & peuvent être dites à très - jufte titre , le fondement folide de la félicité future de fon Royaume.

Ce rapport fera fait avec tant de fincérité , au jugement de ceux qui font fidéles témoins de l'hiftoire de votre tems , qu'il donnera lieu de croire à tout le monde, que les confeils que je donne à V. M. n'auront autre motif que les intérêts de l'Etat , & l'avantage de votre perfonne , de laquelle je ferai éternellement ,

SIRE.

Très-humble , très-fidéle très-obéïffant , très-paffionné & très-obligé Sujet & Serviteur ,

ARMAND DU PLESSIS.

PREMIERE PARTIE.

CHAPITRE PREMIER.

Succinte Narration des toutes les grandes Actions Roi , jusqu'à la paix faite en l'an . . . .

LORSQUE VOTRE MAJESTE' se ré- folut de me donner en même tems & l'entrée de ses Conseils , & grande part en sa confiance pour la direction de ses affaires ; je puis dire avec vérité que les Huguenots partageoient l'Etat avec Elle , que les Grands se condui- foient comme s'ils n'eussent pas été ses Sujets, & les plus puissans Gouverneurs des Provinces , comme s'ils eussent été Souverains en leurs charges.

Je puis dire que le mauvais exemple des uns & des autres étoit si préjudicia- ble à ce Royaume, que les Compagnies

les

les plus réglées se sentoient de leur dé-
reglement, & diminuoient en certains
cas votre légitime autorité, autant
qu'il leur étoit possible, pour porter la
leur au-delà des termes de la raison.

Je puis dire que chacun mesuroit son
mérite par son audace ; qu'au lieu d'es-
timer les bienfaits qu'ils recevoient de
V. M. par leur propre prix, ils n'en
faisoient cas qu'autant qu'ils étoient
proportionnés au déréglement de leur
fantaisie, & que les plus entreprenans
étoient estimés les plus sages, & se
trouvoient les plus heureux.

Je puis encore dire que les Alliances
Etrangeres étoient méprisées ; les intérêts particuliers préférés aux Publics ;
en un mot, la dignité de la Majesté
Royale étoit tellement ravalée, & si
différente de ce qu'elle devoit être, par
le défaut de ceux qui avoient lors la
principale conduite de vos affaires,
qu'il étoit presque impossible de la reconnoître.

On ne pouvoit tolérer plus long-
tems le procédé de ceux à qui V. M.
avoit confié le Timon de son Etat, sans
tout perdre ; & d'autre part on ne pouvoit aussi le changer tout d'un coup

violer les Loix de la prudence , qui ne permet pas qu'on paſſe d'une extrémité à l'autre ſans milieu.

Le mauvais état de vos affaires ſembloit vous contraindre à des réſolutions précipitées , ſans élection de tems & de moyens ; & cependant il falloit faire choix en tous les deux , pour tirer profit du changement que la néceſſité exigeoit de votre prudence.

Les meilleurs eſprits n'eſtimoient pas qu'on pût paſſer ſans naufrage tous les écueils qui paroiſſoient en un tems ſi peu aſſuré , la Cour étoit pleine de gens qui blâmoient déja de témérité ceux qui voudroient l'entreprendre ; & tous ſçachant que les Princes ſont faciles à imputer à ceux qui ſont auprès d'eux , les mauvais ſuccès des choſes qui leur ont été bien conſeillées ; ſi peu de gens ſe promettoient un bon événement du changement qu'on publioit que je voulois faire , que beaucoup tenoient ma chûte aſſurée , avant même que V. M. m'eût élevé.

Nonobſtant toutes ces difficultés , que je repréſentai à V. M. connoiſſant ce que peuvent les Rois , lorſqu'ils uſent bien de leur puiſſance, j'oſai vous promettre

promettre sans témérité, à mon avis, que vous trouveriez le bien de votre État, & que dans peu de tems votre prudence, votre force, & la bénédiction de Dieu, donneroient cette nouvelle face à ce Royaume.

Je lui promis d'employer toute mon industrie, & toute l'autorité qu'il lui plaisoit me donner pour ruiner la Parti Huguenot, rabaisser l'orgueil des Grands, réduire tous ses Sujets en leur devoir, & relever son nom dans les Nations Etrangeres, au point où il devoit être.

Je lui représentai que pour parvenir à une si heureuse fin, sa confiance m'étoit tout-à-fait nécessaire ; & que bien que par le passé, tous ceux qui l'avoient servi n'eussent point estimé de meilleur & de plus sûr moyen pour l'acquerir & pour la conserver, que d'en éloigner la Reine sa mere, je prendrois un chemin tout contraire, & n'omettrois aucune chose qui dépendît de moi, pour maintenir V. M. en une étroite union, importante à leur réputation & avantageuse au bien du royaume.

Ainsi que le succès qui a suivi les bonnes intentions qu'il a plu à Dieu me

A 5　　　donner

donner pour le Reglement de cet Etat, juſtifiera aux ſiécles à venir la fermeté avec laquelle j'ai conſtamment pour-ſuivi ce deſſein ; auſſi V. M. ſera-t'Elle fidéle témoin que je n'ai rien oublié de ce que j'ai pu pour empêcher que l'ar-tifice de beaucoup de mauvais eſprits ne fût aſſez puiſſant pour diviſer ce qui étant uni par nature, devoit auſſi l'être par la grace. Si après avoir heureuſe-ment réſiſté pluſieurs années à leurs di-vers efforts, leur malice a enfin préva-lu ; ce m'eſt une extrême conſolation qu'on ait ſouvent ouï ſortir de la bou-che de V. M. que lorſque je penſois le plus à la grandeur de la Reine ſa mere, elle travailloit à ma ruine.

Je remets à éclaircir cette matiere en un autre lieu, pour m'attacher préſen-tement à mon ſujet, & ne rompre pas l'ordre que je dois garder en cet ou-vrage.

Les Huguenots qui n'ont jamais per-du aucune occaſion d'augmenter leur parti, ayant ſurpris en 1624. certains Vaiſſeaux que le Duc de Nevers prépa-roit contre le Turc, firent enſuite un armement très-puiſſant contre V. M.

Bien que le ſoin de la Marine eût

été

été jusqu'alors tellement abandonné, qu'Elle n'eût pas un seul Vaisseau, Elle se conduisit avec tant d'adresse & de courage, qu'avec ceux qu'elle put ramasser de ses sujets, 20. de Hollande, & 7. Roberges d'Angleterre, Elle défit l'Armée que les Rochelois avoient mis en mer. Ce qui arriva avec d'autant plus de merveille & de bonheur, qu'Elle tira cet effet avantageux d'un secours qui ne lui avoit été donné que pour la servir en apparence.

Elle prit par le même moyen l'Isle de Ré, dont les Rochelois s'étoient injustement dès long-tems emparés ; Elle mit en déroute quatre à cinq mille hommes qu'ils y avoient fait entrer pour la défendre, & contraignit Soubise, qui étoit le chef, de s'enfuir en Oleron, d'où ses amis ne le chasserent pas seulement, mais même hors du Royaume.

Cet heureux succès réduisit ces ames rebelles à une Paix si glorieuse pour V. M. que les plus difficiles à contenter en furent fort satisfaits, & tous avouérent qu'il ne s'en étoit point encore fait de pareille.

Les Rois vos prédécesseurs avoient par le passé plutôt reçu que donné la

 Paix

Paix à leurs sujets, quoiqu'ils ne fussent divertis d'aucune guerre, ils perdoient en tous les Traités qu'ils faisoient avec eux ; & bien que V. M. eût en ce tems-là beaucoup d'autres occupations, Elle la donna lors en se réservant le Fort-Louis, comme une Citadelle à la Rochelle ; & les Isles de Ré & d'Oleron, comme deux autres Places qui n'en formoient pas une mauvaise circonvallation.

Au même tems V. M. garantit le Duc de Savoye de l'oppression des Espagnols, qui l'avoient attaqué ouvertement ; & bien qu'ils eussent une des grandes Armées qu'on eût vu de long-tems en Italie, & qu'elle fût commandée par le Duc de Feria, homme de tête, Elle les empêcha de prendre Veruë, dont vos armes, jointes avec celles du Duc de Savoye, soutinrent le siége avec tant de gloire, qu'ils furent enfin contraints de le lever avec honte.

Les Espagnols s'étant peu après rendus maîtres de tous les passages des Grisons, & ayant fortifié les meilleurs postes de toutes leurs Vallées, V. M. ne pouvant par une simple négociation délivrer ses anciens Alliés de cette in-
vasion,

vasion, en laquelle ces injustes usurpateurs s'affermissoient d'autant plus aisément, que le Pape les favorisoit sous la vaine espérance qu'ils lui donnerent de procurer quelques avantages à la Religion, fit par la force de ses armes, ce qu'elle n'avoit pu obtenir par celle de la raison.

Elle eût par ce moyen affranchi pour jamais cette Nation de la tyrannie de la Maison d'Autriche, si Fargis son Ambassadeur en Espagne n'eût à la sollicitation du Cardinal de Berulle, fait (ainsi qu'il l'a confessé depuis) sans votre sçu, & contre les Ordres exprès de V. M. un Traité fort désavantageux, auquel vous adhérâtes enfin pour plaire au Pape, qui prétendoit n'être aucunement intéressé dans cette affaire.

Le feu Roi votre pere d'immortelle mémoire ayant fait dessein de marier une de Mesdames vos sœurs en Angleterre, les Espagnols estimerent devoir troubler un tel projet, & se mirent en tête d'y marier une de leurs Infantes. Le Traité en étant conclu, le Prince de Galles fut si mal conseillé, qu'il voulut bien se commettre à la discrétion d'un Prince, qui étant maître de sa personne,

ne, lui pouvoit donner telle loi que
bon lui fembleroit, & paffa inconnu
par la France pour l'aller époufer en Efpagne.

Auffi-tôt qu'on en eut avis, on né-
gocia de telle forte, que nonobftant les
honneurs indicibles qui lui furent rendus en cette Cour, où le Roi lui donna
toujours la main droite, bien qu'il n'eût
pas lors la Couronne fur la tête, le mariage fe rompit, & peu de tems après,
celui de France fe traita, fe conclut &
s'accomplit avec des conditions trois
fois plus avantageufes pour la Religion
que celles qu'on avoit projetté de propofer du tems du feu Roi.

Peu de tems après il fe forma des cabales puiffantes dans la Cour ; ceux qui
avoient lors la conduite de Monfieur
votre frere l'y embarquerent autant
que fon âge l'en rendoit capable.

Etant contraint de dire, à mon grand
regret, qu'une perfonne de la plus grande
confidération s'y trouva infenfiblement
engagée avec plufieurs autres qui fo-
mentoient & fuivoient fes paffions. Je
ne puis omettre le mérite que vous ac-
quîtes devant Dieu & devant les hommes, en fupprimant l'éclat qu'eût eu fa

conduite

conduite peu prudente, si vous n'eussiez
sagement dissimulé ce que vous pouviez réprimer avec autant de sureté
que de raison.

Les Anglois se porterent aveuglément dans ces cabales , beaucoup de
Grands du Royaume s'y mirent bien
avant ; le Duc de Rohan & le Parti
Huguenot devoient faire la guerre au
dedans au même tems que les Anglois
attaqueroient avec une puissante Armée Navale les Isles & les côtes de cet
Etat.

La partie sembloit si bien faire , que
que peu croyoient qu'on pût résister à
la force des conjurés. Cependant la
prise du Colonel d'Ornano, du Duc de
Vendôme & du Grand Prieur ; le châtiment de Chalais & l'éloignement de
quelques Princesses dissipérent ensorte
cette cabale , que tous les desseins pro-
jettés dans la Cour contre V. M. furent
dissipés & sans effet.

Comme ce ne fut pas sans grande bonté & sans prudence, tout ensemble, que
vous consentîtes à Nantes au mariage
de Monsieur votre frere ; la sincérité
avec laquelle vos vrais serviteurs prirent la hardiesse de réprésenter auparavant

vant les inconvéniens qui en pouvoient arriver , fut une preuve bien loyale de leur fidélité , & un témoignage bien af-furé qu'il n'avoient pas deſſein de vous ſurprendre.

Dans tous ces embarras qui ſem-bloient affoiblir votre Puiſſance , rien ne vous put empêcher d'arrêter le cours des duels , que le châtiment des ſieurs Boutteville & des Chapelles. J'avoue que mon eſprit ne fut jamais plus com-battu qu'en cette occaſion , où à peine pus-je m'empêcher de céder à la com-paſſion univerſelle , que le malheur & la valeur de ces deux jeunes Gentils-hommes imprimoit au cœur de tout le monde , aux priéres des perſonnes les plus qualifiées de la Cour , & aux im-portunités de mes plus proches parens.

Les larmes de leurs femmes me tou-choient très - ſenſiblement , mais les ruiſſeaux de ſang de votre Nobleſſe , qui ne pouvoient être arrêtés que par l'effuſion du leur , me donnerent la force de réſiſter à moi - même , & d'af-fermir V. M. à faire exécuter pour l'uti-lité de ſon Etat , ce qui étoit quaſi con-tre le ſens de tout le monde , & contre mes ſentimens particuliers.

Ayant

Ayant été tout-à-fait impoſſible d'arrêter le cours, & d'empêcher l'effet des
grands préparatifs que les Anglois
avoient fait pour la guerre, V. M. fut
obligée de s'y oppoſer par la force.

Ces ennemis de l'Etat deſcendirent
en Ré & y aſſiégérent le Fort de Saint
Martin, au même tems que Dieu voulut affliger la France, par la grande
maladie dont il lui plut vous viſiter à
Ville-Roi.

Ce fâcheux accident & la mauvaiſe
conduite que le Coigneux & Puy-
Laurens voulurent de nouveau faire
prendre à Monſieur, n'empêcherent
pas qu'on ne réſiſtât par votre ſeule ombre à tous les efforts de cette Nation
belliqueuſe. Et V. M. ne fut pas plutôt
guérie qu'Elle ſecourut la Place qu'ils
avoient aſſiégée, qu'Elle défit leur Armée par un combat ſignalé ſur terre,
qu'Elle éloigna leurs forces Navales de
ſes côtes, & les contraignit de rega-
gner leur Ports.

Vous attaquâtes enſuite la Rochelle
& la prîtes après le ſiége d'un an de durée. Et V. M. ſe conduiſit avec tant de
prudence, que bien qu'Elle ſçût que les
Eſpagnols ne deſiroient ni la priſe particuliere

ticuliere de cette Place , ni en général
la prospérité de ses affaires , jugeant
que la seule apparence de leur union
lui pouvoit servir dans la réputation du
monde , & qu'Elle ne feroit pas peu si
par un Traité Elle les empêchoit de se
joindre aux Anglois , qui étoient lors
ses ennemis déclarés ; Elle en passa un
avec eux qui produisit le seul effet
qu'elle s'en étoit promis.

Les Espagnols qui n'avoient autre
dessein que de vous donner de simples
apparences , à l'ombre desquelles ils
pussent en effet traverser les desseins de
V. M. & la prise de cette Ville , animérent autant qu'il leur fut possible les
Anglois à la secourir. Et le Cardinal de
la Cuéva leur promit à cette fin en termes exprès , que son maître n'envoye-
roit aucun secours à V. M. que lorsqu'Elle n'en auroit plus de besoin , &
qu'il le retireroit avant qu'il leur pût
nuire. Ce qui fut si réligieusement accompli, que Don Federic, Amiral d'Espagne , qui étoit parti de la Corogne
avec quatorze Vaisseaux , après avoir
sçu la défaite des Anglois en Ré , ne
voulut jamais demeurer à la Rochelle
un seul jour , sur le bruit qui couroit
qu'il

qu'il venoit une nouvelle Flotte pour secourir cette Place.

Cette assurance donna l'audace aux Anglois d'en tenter par deux fois plus hardiment le secours, & la gloire à V. M. de la prendre par ses seules forces à la vue d'une puissante Armée Navale, qui après deux combats inutiles eut la honte de se voir entiérement privée de ses fins.

Ainsi en même tems l'infidélité & les ruses de l'Espagne furent sans effet, & celles des Anglois surmontées d'un même coup.

Pendant ce siége, les Espagnols attaquerent le Duc de Mantoue en Italie; ils prirent expressément ce tems, croyant que V. M. ne le pourroit secourir.

Le Cardinal de Berulle & le Garde des Séaux de Marillac, conseilloient à V. M. d'abandonner ce pauvre Prince à l'injustice & à l'avidité insatiable de cette Nation ennemie du repos de la Chrétienté, pour empêcher qu'elle ne le troublât; le reste de votre Conseil fut d'avis contraire, tant parce que l'Espagne n'eût osé prendre une telle résolution incontinent après avoir fait un Traité d'union entre les Anglois,

que

quand même elle eût pris un aussi mauvais conseil , elle n'eût sçu arrêter les progrès de vos desseins.

On lui représenta que c'étoit assez qu'Elle ne se déclarât point pour Monsieur le Duc de Mantoue , pendant qu'Elle étoit attachée à ce grand siécle , & qu'Elle n'eût sçu faire davantage , sans commettre une bassesse indigne d'un grand Prince , qui n'y doit jamais consentir , quelque avantage qu'il en puisse tirer d'ailleurs.

Je commettrois un crime , si je ne remarquois en cet cet endroit que V. M. suivant les sentimens de son cœur & sa pratique ordinaire , prit en cette occasion le meilleur & le plus honorable Parti , qui fut suivi d'un succès si heureux , que peu de tems après la Rochelle fut prise , & ses armes en état de secourir ce Prince injustement attaqué.

Bien que dès - lors Monsieur votre frere devenu veuf un an après son mariage , eût dessein d'épouser la Princesse Marie , il fut si mal conseillé , qu'au lieu de favoriser le Duc de Mantoue son pere , il le traversa plus que ses propres ennemis , en se séparant de V. M. & se retirant en Lorraine , lorsqu'il

devoit

devoit s'unir étroitement avec Elle,
pour rendre sa Puissance plus considérable.

Cette mauvaise conduite n'empêcha
pas V. M. de continuer le voyage
qu'Elle avoit entrepris pour un si glorieux dessein, & Dieu le bénit si visiblement, qu'Elle ne fut pas plutôt ar-
rivée aux Alpes, qu'Elle en força les
passages dans le cœur de l'hyver, battit
le Duc de Savoye assisté des Espagnols;
fit lever le siége de Cazal & contraignit tous ses ennemis de s'accommoder
avec Elle.

Cette glorieuse action qui établit la
paix en Italie ne fut pas si-tôt faite, que
V. M. dont l'esprit & le cœur n'ont jamais trouvé le repos que dans le travail,
passa sans relâche en Languedoc, où
après avoir pris les Villes de Privas &
d'Alez par force, Elle réduisit par fermeté le reste du Parti Huguenot de tout
son Royaume à l'obéissance, & donna
par sa clémence la paix à ceux qui
avoient osé lui faire la guerre, non en
leur procurant des avantages préjudiciables à l'Etat, ainsi qu'on avoit fait
par le passé, mais en chassant hors du
Royaume celui qui étoit l'unique chef

d'un

d'un si malheureux Parti , & l'avoir toujours fomenté.

Ce qui est de plus grande considération en une action si glorieuse , est que vous ruinâtes absolument ce Parti, lorsque le Roi d'Espagne tâchoit de le relever & de l'affermir plus que jamais.

Il venoit fraîchement de faire un Traité avec le Duc de Rohan , pour former en cet état un corps de rebelles à Dieu & à V. M. tout ensemble , moyennant un million qu'il lui devoit donner tous les ans , & dont par ce moyen il rendoit les Indes Tributaires à l'enfer. Mais ces projets furent sans effet ; & au même tems qu'il eut le déplaisir de sçavoir que celui , qui de sa part étoit porteur d'un si glorieux établissement , étoit mort sur un échafaut par Arrêt du Parlement de Toulouse, qui s'en trouva saisi , V. M. eut le contentement & l'avantage de pardonner à ceux qui ne se pouvoient plus défendre , d'anéantir leur faction , & de bien traiter leurs personnes , lorsqu'ils attendoient le châtiment des crimes qu'ils avoient commis.

Je sçai bien que l'Espagne pense se laver d'une action si noire, par le se-

cours

cours que vous donniez aux Hollandois, mais cette défense est aussi mauvaise que leur cause.

Le sens commun fait connoître à tout le monde, qu'il y a bien de la différence entre la continuation d'un secours établi par un sujet légitime, si la défense naturelle l'est, & un nouvel établissement manifestement contraire à la Religion & à la légitime autorité que les Rois ont reçu du Ciel sur leurs sujets.

Le Roi votre pere n'entra jamais en Traité avec les Hollandois, qu'après que le Roi d'Espagne eut formé une ligue en ce Royaume pour usurper la Couronne.

Cette vérité est trop évidente pour pouvoir être révoquée en doute, & il n'y a pas de Théologien au monde qui ne puisse dire sans aller contre les principes de la lumiere naturelle, qu'ainsi que la nécessité oblige celui à qui on veut ôter la vie, de se servir de quelque secours que ce puisse être pour la garantir; aussi un Prince a-t'il droit de faire le même pour éviter la perte de son Etat.

Ce qui est libre en son commencement , devient quelquefois néceſſaire dans la ſuite ; il n'y en a point auſſi qui puiſſent trouver à redire à la liaiſon que V. M. entretient avec ces peuples, non - ſeulement en conſéquence des Traités du feu Roi ; mais de plus , parce que l'Eſpagne ne pouvant n'être pas cenſée ennemie de cet Etat , tandis qu'elle lui retiendra une partie de ſes anciens domaines : Il eſt clair que la cauſe qui a donné lieu à ces Traités n'étant pas ceſſée , la continuation de l'effet eſt auſſi légitime que néceſſaire.

Or , tant s'en faut que les Eſpagnols puiſſent prétendre être en pareils termes, qu'au contraire leurs deſſeins ſont d'autant plus injuſtes ; qu'au lieu de réparer les premieres injures qu'ils ont faites à ce Royaume , ils les augmentent tous les jours.

De plus , le feu Roi ne s'eſt joint aux Hollandois qu'après qu'ils ont été mis en corps d'Etat , & qu'il y a été contraint par l'oppreſſion dont il ne pouvoit ſe garantir entiérement : Il n'a été cauſe ni de leur révolte , ni de l'union de leurs Provinces.

Et ce n'a pas été aſſez à l'Eſpagne de favoriſer pluſieurs fois les révoltés des Hu-

Huguenots contre vos prédécesseurs. Elle a voulu les unir en corps d'État dans le vôtre : un saint zéle les a portés à vouloir être auteurs d'un si bon établissement ; & ce qui est à remarquer sans nécessité, & partant sans raison, si ce n'est que la continuation de leurs anciennes usurpations, & les nouvelles qu'ils ont dessein de faire, rectifient tellement leurs actions, que ce qui est défendu à tout le monde leur soit permis, à cause de leurs bonnes intentions.

Ayant traité plus au long cette matiere en un autre ouvrage, je la quitte pour continuer la suite de vos actions.

La mauvaise foi des Espagnols les ayant porté à attaquer de nouveau le Duc de Mantoue, au préjudice des Traités qu'ils avoient faits avec V. M. Elle porta pour la seconde fois ses armes en Italie, où elles furent tellement bénies de Dieu, qu'après avoir glorieusement passé une riviere, dont le Duc de Savoye défendoit le passage avec quatorze mille hommes de pied & quatre mille chevaux, contre la foi du Traité qu'il avoit fait avec V. M. l'an précédent, elles prirent Pignerol

en préfence des forces de l'Empereur,
de celles du Roi d'Efpagne, & de la perfonne & de toute la puiffance du Duc de
Savoye ; & ce qui rend cette action
plus glorieufe, à la vue du Marquis de
Spinola, l'un des plus grands Capitai-
nes de fon tems.

Par ce moyen vous prîtes Suze, &
furmontâtes en même tems les trois
plus confidérables Puiffances de l'Europe, la Pefte, la Famine & l'Impatience des François, de quoi l'on trouvera
peu d'exemples dans l'hiftoire.

Enfuite vous conquîtes la Savoye,
chaffant devant vous une Armée de
cent mille hommes de pied & de vingt
mille chevaux, qui avoient plus d'a-
vantage à fe défendre dans un pays de
montagnes pareil à celui où ils étoient,
que trente mille pour les attaquer.

Les combats de Veillane & Coriane
fignalérent peu de tems après vos armes en Piémont ; & la prife de Valen-
ce, fortifiée par le Duc de Savoye pour
s'oppofer à vos deffeins, fit connoître
que rien ne peut réfifter aux juftes armes d'un Roi auffi heureux qu'il eft
puiffant.

Cazal fut fecouru, non - feulement
contre

contre l'opinion commune de la plus grande partie du monde, mais encore contre la propre pensée du Duc de Montmorency, qui avoit été employé à ce dessein, & contre celle de Marillac, substitué à sa place, qui publioient tous deux hautement cette entreprise tout-à-fait impossible.

Le secours de cette Place fut d'autant plus glorieux, qu'une Armée plus forte que la vôtre, retranchée à la tête du Milanois; qui lui fournissoit toute sorte de commodités, & à l'abri des murailles de Cazal, qui leur avoit été consigné entre les mains, fut contrainte de le consentir & de le quitter, & en même tems cinq autres Places que les Espagnols tenoient aux environs dans l'étendue de Mont-Ferrat.

Si l'on sçait qu'au plus fort de ce dessein V. M. fut à l'extrémité, & que si votre personne étoit dangereusement malade, votre Cour l'étoit davantage.

Si l'on considére que la Reine votre Mere, à la suscitation de quelques esprits envénimés, forma un puissant Parti, qui vous affoiblissant, fortifia beaucoup vos ennemis : si l'on se représente encore qu'ils recevoient tous les

B 2　　　jours

jours divers avis, que bien-tôt les plus
fidéles serviteurs de V. M. qu'ils haïf-
foient & craignoient tout enfemble, ne
feroient plus en état de leur faire du
mal ; il fera impoffible de ne pas reconnoître que la bonté de Dieu a plus contribué à fes bons fuccès, que la prudence & la force des hommes.

Ce fut lorfque la Reine votre mere
fit toute forte d'efforts imaginables
pour renverfer le Confeil de V. M. &
en établir un à fa fantaifie.

Ce fut lorfque les mauvais efprits
qui poffédoient celui de Monfieur, tra-
vailloient fous fon nom autant qu'il
leur étoit poffible pour me perdre.

La mere & le fils avoient fait un accord plus contraire à l'Etat, qu'à ceux
dont ils pourfuivoient ouvertement la
ruine, puifqu'en l'état préfent des affaires il étoit impoffible d'y apporter
aucun changement fans les perdre.

Le fils avoit promis de n'époufer
point la Princeffe Marie, ce que la mere appréhendoit de telle forte, que
pour l'empêcher, elle l'avoit fait mettre en votre abfence au Château de Vin-
cennes, d'où il ne fortit que par cette
convention ; & la mere s'étoit obligée

en échange à me faire tomber en la dis-
grace de V. M. & m'éloigner d'Elle.

Pour rendre ces promeſſes plus invio-
lables, elles furent miſes par écrit,& le
Duc de Bellegarde les porta long-rems
entre ſa peau & ſa chemiſe, pour marque qu'elles lui touchoient au cœur,
& pour aſſurance à ceux qui les avoient
faites, qu'il ne les perdroit qu'avec la
vie.

Jamais faction ne fut plus forte en
un Etat ; il ſeroit plus aiſé de rapporter
ceux qui n'y trempoient pas, que ceux
qui s'y étoient engagés.

Et ce qui augmenta la merveille de
votre conduite en cette occaſion, eſt
que recherchant moi-même mon éloignement pour plaire à la Reine qui le
deſiroit paſſionnément, V. M. pour lors
deſtituée de tout autre conſeil, étoit
ſeule à ſe conſeiller, & ſeule à réſiſter
à l'autorité d'une mere, aux artifices
de tous ſes adhérans, & aux prieres
que je lui faiſois contre moi-même.

Je parle ainſi parce que le Maréchal
de Schomberg qui vous étoit fidéle,
n'étoit pas lors près de V. M. & que le
Garde des Sceaux de Marillac, étoit un
de ceux, qui ſecondant la Reine en ſes

B 3   deſſeins,

desseins, la servoient contre Elle-même.

Votre prudence fut telle, qu'en éloignant de votre propre mouvement le Garde des Sceaux, vous vous délivrates d'un homme tellement rempli de l'opinion qu'il avoit de lui-même, qu'il n'estimoit rien de bien fait, s'il ne l'étoit par son ordre, & croyoit que beaucoup de mauvais moyens lui étoient licites pour venir aux fins qui lui étoient suggérées par un zéle qu'on peut nommer indiscret.

Enfin votre procédé fut si sage, que vous n'accordâtes rien à la Reine qui fût contraire à votre Etat, & ne lui refusâtes aucune chose que ce que vous n'eussiez pu lui accorder sans blesser votre conscience, & agir autant contre elle que contre vous-même.

Je pourrois m'exemter de parler de la Paix qui fut conclue à Ratisbonne entre V. M. & la Maison d'Autriche, parce qu'ayant été arrêtée par votre Ambassadeur à des conditions dont l'Empereur même reconnut qu'il n'avoit aucun pouvoir, elle ne peut par cette raison être mise au nombre de vos actions, mais si l'on considére que bien que la faute de votre Ambassadeur

ne vous puisse être imputée , comme il
ne falloit pas peu de bonté pour la supporter , il ne fallut pas aussi peu d'a-
dresse pour la reparer en quelque sorte,
& ne se priver pas de la paix si nécessaire à cet Etat , en un tems où V. M.
avoit tant de traverses.

Cette action sera jugée des plus
grandes que vous ayez jamais faites ,
& telle par conséquent qu'elle ne peut
être omise en ce lieu.

La raison & la conduite des Etats
requeroit un châtiment exemplaire ,
en celui qui avoit outre-passé vos ordres en une matiere si délicate, & dans
une occasion si importante ; mais votre
bonté lia les mains à votre justice , parce que bien qu'il fût seul Ambassadeur,
il n'avoit pas agi seul en cette affaire ,
mais avec un Adjoint d'une condition
dont le respect vous fit plutôt considérer le motif de la faute que la faute même.

Ils furent tellement surpris l'un &
l'autre de l'extrême maladie dans laquelle vous tombâtes à Lyon , qu'ils
agirent plutôt sur le pied de l'état auquel ce royaume pouvoit être par le malheur de votre perte, que sur celui au-

B 4   quel

quel il étoit, & fur les ordres qu'ils avoient reçus.

Nonobftant les mauvaifes conditions de leurs Traités, les Impériaux furent contraints de reftituer bien-tôt après Mantoue ; la crainte de vos armes les obligea à rendre ce qu'ils avoient ufurpé fur les Venitiens & fur les Grifons, & après que V. M. eut laiffé entrer les Troupes du Duc de Savoye dans Pignerol, dans le Fort & dans la Vallée de la Peroufe, pour fatisfaire au Traité de Querafque ; Elle s'accorda fi bien avec lui, qu'en vertu d'un nouveau Traité, ces Places font demeurées à la puiffance de V. M. au contentement & à l'avantage de toute l'Italie, qui craindra d'autant moins à l'avenir une injufte oppreffion, qu'elle voit une porte ouverte à fon fecours.

En ce tems-là les mécontentemens que le Duc de Baviere avoit reçus de l'Empereur & des Efpagnols, & la crainte que tous les autres Electeurs Catholiques & Proteftans avoient d'être dépouillés de leurs Etats, comme beaucoup d'autres Princes l'avoient déja été à fa follicitation, les ayant portés à defirer fecrétement votre appui, vous

traitâtes

traitâtes avec eux si adroitement & avec tant de succès, qu'ils empêcherent en la présence même de l'Empereur, l'Erection du Roi des Romains, bien que la Diette de Ratisbonne eût été convoquée à cette seule fin.

Ensuite pour contenter l'avide Baviere, satisfaire les Electeurs & plusieurs autres Princes, & pour les affermir tous en la résolution qu'ils avoient prise de rendre la Ligue Catholique indépendante, non de l'Empire, mais de l'Espagne, qui en usurpoit la direction : vos Ambassadeurs se gouvernerent avec tant de correspondance avec ces Princes, qu'ils leur facilitérent les moyens de faire déposer Walstein du commandement des Armées de l'Empire, ce qui n'apporta pas peu de retardement aux affaires de son maître.

Le crédit de V. M. ne fut pas moindre vers le Nord, puisque le Baron de Charnacé, sans titre d'Ambassadeur, procura presque en même tems la paix entre les Rois de Pologne & de Suede, paix qui avoit été inutilement tentée par plusieurs autres Potentats.

Cette paix donna lieu à l'entreprise que le Roi de Suede fit peu après, pour

empêcher l'oppreffion des Princes de
l'Empire, en Allemagne, & ce deffein
ne vous fut pas plutôt connu, que pour
prévenir le préjudice que la Religion
Catholique en pourroit recevoir, V.
M. fit un Traité avec lui, qui l'obligeoit à n'en point troubler l'exercice
dans tous les lieux de fes conquêtes.

Je fçai bien que vos ennemis, qui
penfent juftifier leurs actions en dé-
criant les vôtres, n'ont rien oublié de
ce qu'ils ont pu, pour rendre cette convention odieufe ; mais leur deffein ne
produifit autre effet, que de faire paroître leur malice.

L'innocence de V. M. eft d'autant
plus claire, que fon Ambaffadeur n'entra jamais dans aucun Traité avec ce
Conquérant, que fix mois après qu'il
fut entré en Allemagne, ce qui juftifie
évidemment que les conventions qui
furent faites avec ce Prince, furent le
reméde du mal, dont elles ne peuvent
être eftimées la caufe.

Les Traités paffés non-feulement
avec ce grand Roi, mais auffi avec
beaucoup d'autres Princes d'Allemagne, font d'autant plus juftes, qu'ils
étoient abfolument néceffaires pour le
falut

salut du Duc de Mantoue, injuſtement attaqué, & pour celui de toute l'Italie, ſur laquelle les Eſpagnols n'avoient pas moins de droit que ſur les Etats de ce pauvre Prince, puiſqu'ils eſtimoient que leur commodité en étoit un aſſez légitime.

L'ébranlement que ce Royaume avoit reçu par la diviſion que les Eſpagnols avoient ouvertement ſuſcitée en votre Maiſon Royale, obligerent V. M. à récourir à des expédiens qui vous donnaſſent lieu de la raffermir.

Monſieur, étant ſorti de la Cour & de la France, pour la troiſiéme fois, par divers artifices, dont on peut dire avec vérité, que les Eſpagnols étoient les principaux auteurs, & le Cardinal Infant ayant retiré la Reine votre mere en Flandres, comme il fit en ce rems; il eſt aiſé de juger que ſi ces bons voiſins n'euſſent eu quelque notable occupation chez eux, ils euſſent pouſſé les affaires plus avant, & ſe fuſſent occupés à vos dépens en ce Royaume.

Il falloit par néceſſité détourner l'orage, & qui plus eſt, ſe préparer à en ſoutenir l'effort, au cas qu'on ne pût l'éviter.

En cette confidération , après que V.
M. fut affurée d'une puiffante diver-
fion , Elle fit comme ceux qui pour
prévenir la contagion , dont la corruption de l'air les ménace , fe pur-
gent avec d'autant plus de foin, que de
fe nettoyer au dedans, eft à leur avis le
meilleur & le plus fûr moyen qu'ils ayent
de fe garantir de leurs injures externes.

La providence de Dieu vous fut fi
favorable en cette rencontre , que ceux
qui animant la Reine & Monfieur contre la France , penfoient les porter à
lui procurer beaucoup de mal , ne les
porterent qu'à ce qui les rendoit incapables d'en faire ; & votre conduite pa-
rut d'autant plus merveilleufe en cette
occafion , qu'en rappellant l'un , & dé-
firant le retour de l'autre , votre bonté,
à leur égard , fut connue de tout le
monde , au même tems que les effets
de votre juftice tomberent fur ceux qui
les avoient aidés à prendre de mauvais
confeils.

Le Duc de Bellegarde fut privé du
Gouvernement de Bourgogne , & par
conféquent des clefs des portes qu'il
avoit ouvertes à Monfieur , pour le
faire fortir du Royaume.

Le

Le Duc d'Elbœuf fut pareillement
dépouillé de celui de Picardie , que V.
M. lui avoit donné peu de tems auparavant.

Le Duc de Guife preffé des craintes
de fa confcience, s'étant retiré en Italie
lorfque vous l'appellâtes à la Cour pour
y rendre compte de fes actions ; cette
retraite criminelle lui fit perdre celui
dont le feu Roi votre pere l'avoit honoré.

Ainfi vous fûtes délivré de Gouverneurs ingrats & infidéles , & laBour-
gogne , la Picardie & la Provence ,
Provinces de grande confidération , demeurerent en vos mains , libres de ces
efprits dangereux.

Vous mîtes en la premiere le premier Prince de votre fang , qui la defiroit avec paffion ; & par ce moyen vous
l'intéreffâtes prudemment aux affaires
du tems , & donnâtes beaucoup à pen-
fer à Monfieur , qui , avec raifon, n'appréhendoit rien tant au monde , que
l'établiffement d'une perfonne qui le
talonnoit de fi près.

Vous établites en la feconde le Duc
de Chevreufe , Prince de Lorraine ,
pour témoigner que les fautes font per-
fonnelles,

fonnelles , & que votre indignation ne s'étendoit que fur ceux de cette Maifon, qui s'étoient rendus coupables par leur mauvaife conduite.

Vous gratifiâtes le Maréchal de Vitri de la troifiéme , tant à caufe de fa fidélité , que parce qu'étant maintenu par votre autorité, il étoit de fon naturel , capable de faire tête à celui qui en étoit forti.

Cependant les Déclarations que vous fites en cette occafion enregiftrer en Parlement , furent d'autant plus approuvées de tout le monde , qu'en condamnant les Auteurs & les Sectateurs de la Reine & de Monfieur , elles excufoient ces deux perfonnes , qui font auffi cheres que proches à V. M. bien que par le paffé on en eût ufé tout autrement en des faits prefque femblables.

V. M. éluda alors avec beaucoup de vigilance , divers deffeins & beaucoup d'entreprifes méditées & tentées fous le nom de la Reine & de Monfieur , fur diverfes Places du Royaume ; & votre patience fut telle en ces malheureufes rencontres , que je puis quafi dire que vous ne fites connoître , que ce que

vous

vous ne pouviez diſſimuler de leur mauvaiſe conduite.

Cependant pour en arrêter le cours,
& retrancher la licence avec laquelle
il ſembloit qu'il fût permis de tout entreprendre à leur ombre , vous fites
trancher la tête au Maréchal de Marillac , avec d'autant plus de raiſon , qu'a-
yant été comdamné avec Juſtice , la
conſtitution préſente de l'Etat requeroit un grand exemple.

Ces grandes & fâcheuſes affaires ne
vous empêcherent pas de reprimer avec
autant d'autorité que de raiſon , certaines entrepriſes du Parlement de
Paris, qui avoient été ſouffertes en beaucoup d'autres occaſions ; ce qui eſt plus
remarquable pour avoir été fait dans la
chaleur des mécontentemens de la Reine , de Monſieur , & de tous leurs Partiſans , que pour la choſe même.

Enſuite , Monſieur entra à main armée en France, à la ſuſcitation des Eſpagnols , & du Duc de Lorraine , avec
des Troupes dont ces bons voiſins
avoient fourni la plus grande partie.

Il ſembloit que la connoiſſance que
V. M. eut auſſi-tôt, qu'il étoit attendu
en Languedoc par le Duc de Montmorenci ,

renci, fort autorifé en cette Province,
dont il étoit Gouverneur, vous dût détourner du deffein qui vous avoit conduit en Lorraine, pour dégager ce
Duc du mauvais parti où il s'étoit mis;
mais achevant ce que vous aviez commencé à de fi bonnes fins, vous fites
fuivre Monfieur votre frere de fi près,
par le Maréchal de Schomberg, & vous
avançâtes fi promptement vous-même,
après avoir reçu trois Places du Duc
de Lorraine pour gage de fa foi, que
tous les efforts de ceux qui s'étoient liés
contre vous demeurerent vains.

La victoire que les armes de V. M.
commandées par le Maréchal rempor-
terent à Caftelnaudari, fut un argument
auffi affuré de la bénédiction de Dieu
fur V. M. comme les graces que vous
accordâtes enfuite à Monfieur & aux
fiens, lorfque le mauvais état de fes affaires vous donnoit lieu d'en ufer autrement, furent un témoignage évident
de votre bonté.

La fincérité avec laquelle vous vou-
lûtes obferver toutes les promeffes qui
leur furent faites à Beziers de votre
part, bien que vous fçuffiez affurément
que Puy-Laurens n'avoit autre deffein
que

que d'éviter à l'ombre d'un repentir, le péril auquel il se trouvoit, dont il ne puvoit se garantir par autre voie, fut une preuve aussi autentique du grand cœur de Votre Majesté que de sa foi inviolable.

Le châtiment du Duc de Montmorenci, qui ne se pouvoit omettre sans ouvrir la porte à toutes sortes de rebellions dangereuses en tout tems, & particuliérement en celui auquel un héritier présomptif de la Couronne se rendoit, par mauvais conseil, chef de ceux qui se séparoient de leur devoir, fit voir à tout le monde que votre fermeté égaloit votre prudence.

Cette punition fit voir aussi que vos serviteurs préféroient les intérêts publics aux leurs particuliers, puisqu'ils résistoient en cette occasion, & aux sollicitations de plusieurs personnes, qui leur devoient être de grande considération, & aux ménaces de Monsieur, que Puy-Laurens portoit jusqu'à ce point, qu'il leur fit dire que si Monsieur de Montmorenci mouroit, Monsieur les feroit mourir un jour eux-mêmes.

La patience avec laquelle vous avez
souffert

souffert les nouveaux Monopoles que Puy-Laurens fit en Flandres , sous le nom de Monsieur , où il se retira pour la troisiéme fois , est toute semblable à celle qui porte un pere à excuser les comportemens qu'on fait commettre à un de ses enfans , qui est sorti de son obéissance.

Celle qui vous a fait endurer aussi long-tems que le bien de l'Etat & votre conscience l'ont pu permettre , la malice & la légéreté, qui ont porté plusieurs fois le Duc de Lorraine à s'armer contre vous , est une vertu qui se trouvera dans l'histoire avoir fort peu d'exemples.

La bonté avec laquelle vous avez voulu vous contenter , pour la reparation de ses secondes fautes du dépôt de quelques-unes de ses places , capable de le contenir en son devoir , si sa folie n'eût pas égalé son manquement de parole , se trouvera peut-être d'autant plus incomparable , qu'il y a peu de Princes qui perdent l'occasion de se rendre maîtres d'un Etat voisin , quand ils en ont le sujet légitime , & le pouvoir tout ensemble.

Après tant de rechutes commises par

le

le Duc votre vassal , après qu’il vous eut ravi contre sa foi , contre le droit Divin & celui des constitutions faites par les hommes , un gage presque aussi précieux que votre Etat ; la prudence avec laquelle vous le dépouillâtes, lorsque sa malice & son inconstance ne pouvoient plus avoir d’autres remédes que ceux de l’extrémité , est d’autant plus estimable , que si vous l’eussiez fait plutôt, on eût pu révoquer en doute votre justice. Aussi ne pouviez - vous attendre davantage sans vous faire paroître insensible , & commettre par omission une faute égale à celle que commettroit un Prince, qui par une pure violence en dépouilleroit un autre sans raison.

Que ne doit-on pas dire du bon naturel qui vous a porté à procurer le retour de Monsieur en France pour la troisiéme fois , lorsqu’il sembloit qu’on ne pouvoit plus s’assurer de sa foi , à cause des diverses rechutes, & de l’extraordinaire infidélité des siens. Beaucoup estimoient avec raison qu’il ne pouvoit revenir , sans mettre en compromis la sureté de vos plus fidéles serviteurs; & cependant ils étoient seuls

à

à vous folliciter de le retirer du péril,
où il s'étoit mis.

Cette action trouvera peu d'exemples dans l'antiquité, fi l'on en confidére les circonftances, & peut - être
peu d'imitation à l'avenir.

Comme on ne put fans une extrême
hardieffe, confeiller à V. M. de donner à Monfieur, contre vos propres
fentimens, une notable augmentation
d'appanage, un Gouvernement de Province & une Place, lorfquil fut queftion de le retirer de Lorraine la premiere
fois qu'il fortit du Royaume ; on n'a pu
auffi fans grande fermeté, réfifter un
an durant aux inftances qu'il faifoit
d'en avoir une fur la frontiere, où il
voulut fe retirer quittant la Flandres.

Ce n'a pas été peu de bonheur que
ces deux confeils ayent fi bien réuffi,
que la conceffion de la premiere Place
fut caufe de fon premier retour; & caufe fi innocente, qu'étant utile en cette
occafion, on n'ait pu depuis en abufer,
lorfque les fiens l'ont voulu faire.

Et que tant s'en faut que le refus de
la feconde l'ait empêché de rentrer en
fon devoir, & fon pays natal, feul
lieu de fon falut ; qu'au contraire c'eft

ce qui l'obligea de revenir enfin avec une intention aussi droite que lui & les siens ont depuis confessé qu'il l'avoit mauvaise, lorsque sous prétexte de la sureté de sa personne, il demandoit une retraite pour troubler de nouveau le repos de la France.

Les bienfaits extraordinaires que V. M. fit à Puy-Laurens pour l'obliger d'inspirer une bonne conduite à son maître, sont si dignes de mémoire, qu'ils ne doivent pas être oubliés en cet endroit.

Le châtiment qu'il reçut lorsque vous connutes qu'il continuoit à abuser de vos graces, étoit trop juste & trop nécessaire pour ne l'infliger pas ensuite.

La postérité remarquera, je m'assure, trois choses bien considérables en ce sujet ; un entier détachement de tous autres intérêts que de ceux du Public, en vos créatures, qui l'ayant reçu par votre exprès commandement dans leur Alliance, ne laisserent pas de vous conseiller de l'arrêter, parce que le bien de l'Etat le requeroit ainsi ; une grande prudence d'avoir exécuté cette action en présence de Monsieur, qui ne pouvoit qu'approuver de près un conseil

qu'il

qu'il eût de loin appréhendé pour lui-
même , fi l'expérience ne lui eût fait
connoître que ce n'étoit pas à lui qu'on
en vouloit. Une grande hardieſſe à lui
laiſſer en même tems autant de liberté
qu'il en avoit auparavant ; ſur ce ſeul
fondement , que ne s'étant mal conduit
que par de mauvais conſeils , l'effet ceſ-
feroit quand la cauſe ſeroit ceſſée , &
qu'il n'en ſeroit pas plutôt deſtitué ,
qu'il ſuivroit par ſes propres ſentimens
un chemin contraire à celui où ceux
d'autrui l'avoient porté.

Cette action & pluſieurs autres arrivées pendant votre Regne , feront , je
m'aſſure , tenir pour maxime certaine ,
qu'il faut en certaines rencontres , où
il s'agit du ſalut de l'Etat , une vertu
mâle , qui paſſe quelquefois par deſſus
les régles de la prudence ordinaire , &
qu'il eſt quelquefois impoſſible de ſe
garantir de certains maux , fi l'on ne
commet quelque choſe à la fortune , ou
pour mieux dire , à la providence de
Dieu , qui ne refuſe guéres ſon ſecours,
lorſque notre ſageſſe épuiſée ne peut
nous en donner aucun.

Au reſte , votre conduite ſera reconnue d'autant plus juſte , que ceux qui
liront

liront votre hiſtoire , verront que V. M. ne fait punir perſonne , qu'après avoir tâché par de notables bienfaits de le contenir en ſon devoir.

Le Maréchal d'Ornano fut fait Maréchal à cette fin.

Le Grand Prieur étoit aſſuré du commandement de la mer , lorſqu'il pervertit l'eſprit de ſon frere , & que tous deux vous donnerent ſujet de leur ôter la liberté.

Le Maréchal de Boſſompierre ne ſubſiſtoit que par vos bienfaits, quand ſa maniere de parler & d'agir à la Cour , vous contraignit de le reſſerrer à la Baſtille.

Le Garde des Sceaux de Marillac étoit d'autant plus obligé à bien faire, que le grade ou ſa bonne fortune l'avoit élevé , ne lui laiſſoit pas lieu de pouvoir deſirer davantage , quelque ambition qu'il pût avoir.

Le Maréchal ſon frere établi dans Verdun, & élevé à un Office de la Couronne , avoit toutes occaſions par ces graces d'éviter le ſupplice qu'il mérita par ſon ingratitude , & par ſes mauvais déportemens.

Les divers commandemens que le

Duc

Duc de Montmorenci a eu en vos Armées, bien qu'il fût encore jeune pour les mériter, la Charge de Maréchal de France, le libre accès que V. M. lui donnoit auprès de sa personne, & la familiarité qu'il avoit avec vos créatures, étoient des graces & des priviléges assez grands, pour l'empêcher de courir imprudemment à sa ruine.

Il y avoit si peu que Châteauneuf avoit été honoré des Sceaux, quand on commença à découvrir son mauvais procédé, qu'il y a lieu de soupçonner qu'au commencement de sa Magistrature il avoit presque les mêmes intentions que lorsqu'il la finit.

Cependant cette premiere Charge de la justice à laquelle V. M. l'appella outre son attente, cent mille écus qu'il reçut de votre libéralité en une année, le Gouvernement d'une de vos Provinces, qui sont des graces assez extraordinaires pour un homme de sa profession, ne furent pas des considérations assez puissantes pour l'empêcher d'être l'artisan de sa ruine.

Les diverses & grandes graces que Puy-Laurens reçut en peu de tems de la bonté de V. M. sont si extraordinaires , que ceux qui les fçauront , s'en étonneront peut-être davantage que de son mauvais procédé , assez ordinaire à ceux que la fortune éléve en un instant sans mérite.

L'abolition de ses crimes que V. M. lui accorda à son retour de Flandres , ne sera pas estimée médiocre par la Postérité.

Les sommes immenses qu'il reçut de vos libéralités , le Gouvernement du Bourbonnois, la qualité de Duc & Pair, & mon Alliance , étoient des liens assez forts pour contenir en son devoir toute autre personne que lui , qui n'étoit pas capable de se prescrire des bornes.

Lorsque le Comte de Cramail fut mis à la Bastille , il venoit de recevoir par son rappel à la Cour, un effet de l'oubli de ses premieres fautes. Mais ce favorable traitement ne l'empêcha pas de prendre son premier train, en desservant l'Etat présent des affaires , & en tâchant de détourner V. M. de son ancienne conduite , dont les événemens justifioient le bonheur, la bénédiction de Dieu, & la Justice.

Le choix qu'on avoit fait du Maréchal de Vitri pour la Provence , l'obligeoit de vivre avec beaucoup de régle dans un grand emploi, que son courage & sa fidélité lui avoient procuré. Mais sa trop grande avidité, & son humeur insolente & altiere ne contribuérent pas peu à l'en priver, pour le loger dans un Gouvernement de moindre étendue.

S'il faut parler de ceux qui ont été simplement éloignés de la Cour, quelles obligations n'avoit point reçu le Duc de Bellegarde de V. M. & de ses serviteurs ?

La bonté de l'un & l'adresse des autres l'avoient tiré de certains embarras de cabinet, où son extrême vanité & le déréglement de ses passions l'avoient jetté. Il étoit Duc par votre grace, & d'autant plus obligé à se bien conduire auprès de Monsieur, lorsqu'il l'aida à sortir du Royaume, que vous l'aviez établi dans les premieres charges de sa Maison, dont il ne reçut pas peu d'utilité.

De pauvre & simple Gentilhomme qu'étoit Thoiras, on le vit en un instant Maréchal de France, si chargé de vos bienfaits, qu'il reçut non-seulement les plus beaux emplois & les plus grands
Gou-

Gouvernemens du Royaume, mais plus de six cens mille écus de gratifications.

La Fargis étoit d'autant plus obligée à bien faire, que V. M. la mettant auprès de la Reine sa femme, l'avoit mise au dessus des discours qu'on avoit fait d'elle.

Les Ducs de Guise & d'Elbœuf ont reçu au vu & sçu de tout le monde des graces indicibles de V. M.

Au même tems que la Princesse de Conti étoit échauffée à former des cabales dans la Cour, elle tira beaucoup de votre Epargne pour la vente de Chateaurenault ; mais ce n'étoit pas assez pour la contenir en son devoir.

L'éloignement du Duc de la Vallette, quoique volontaire & non forcé, me donnant lieu de le mettre en cette classe, je ne puis pas représenter que peu de tems auparavant qu'il sollicitât Monsieur votre frere & le Comte de Soissons de tourner vos armes, dont ils avoient pour lors le commandement contre votre personne, V. M. l'avoit honoré de la qualité de Duc & Pair : je ne puis me dispenser d'ajouter ensuite, que pour le lier davantage à votre service, vous aviez trouvé bon

C 2   qu'il

qu'il prît liaison avec ceux qui en étoient tout-à-fait inséparables, & qu'en considération de mon Alliance, vous lui aviez accordé la survivance du Gouvernement de Guienne, & augmenté sa charge de Colonel d'Infanterie de trente mille livres de revenu. Je puis dire de plus, que le Pardon que V. M. lui accorda par une bonté extraordinaire, d'un crime si sale & si honteux, avéré par la bouche de deux Princes irréprochables en cette occasion, ne put empêcher que sa foiblesse & sa jalousie contre le Prince de Condé, & l'Archevêque de Bourdeaux, où le dessein qu'il avoit de traverser la prospérité de vos affaires ne lui fissent perdre beaucoup d'honneur en perdant l'occasion de prendre Fontarabie, lorsque les ennemis ne pouvoient plus la défendre.

Si c'est un effet de la prudence singuliere d'avoir occupé dix ans durant toutes les forces des ennemis de votre Etat, par celles de vos Alliés, en mettant la main à la bourse, & non aux armes ; être entré en guerre ouverte lorsque vos Alliés ne pouvoient pas subsister seuls, en est un autre de sagesse & de courage tout ensemble, qui justifie bien

bien que ménageant le repos du Royaume , vous avez fait comme ces Œconomes , qui ayant été soigneux d'amasser de l'argent , sçavent le dépenser à propos pour se garantir de plus grande perte.

Après avoir fait en même tems diverses attaques en divers lieux , ce que ne firent jamais les Romains ni les Ottomans , semblera sans doute à beaucoup de gens une imprudence & une témérité bien grande ; & cependant si c'est une preuve de votre puissance , ç'en est une bien forte de votre jugement, puisqu'il étoit nécessaire d'occuper tellement vos ennemis de toutes parts , qu'ils ne pussent être invincibles en aucune.

La guerre d'Allemagne étoit un peu forcée , puisque cette partie de l'Europe étoit le théatre sur lequel depuis long-tems elle étoit commencée.

Bien que celle de Flandres n'ait pas eu le succès qu'on en pouvoit attendre, il étoit impossible de ne la pas concevoir avantageuse en son projet.

Celle des Grisons étoit nécessaire pour embarquer les Princes d'Italie à prendre les armes , en leur ôtant l'ap-

C 3 pré-

préhenfion des Allemands ; & pour donner cœur à ceux qui les avoient en Allemagne , en leur faifant voir que l'Italie ne pouvoit fecourir les ennemis qu'ils avoient en tête en leur Pays.

Celle d'Italie n'étoit pas moins importante ; tant parce que c'étoit le vrai moyen d'engager le Duc de Savoye, que parce qu'aufli le Milanez étant comme le cœur des Etats que polféde l'Efpagne ; c'étoit cette partie qu'il falloit attaquer.

Au refte , fi l'on confidére que V. M. avoit de tous côtés des Alliés, qui devoient joindre leurs forces à vos armes, on trouvera que la raifon vouloit que par telle union , les Efpagnols attaqués en divers lieux, fuccombaflent fous l'effort de votre puiffance.

Ce n'eft pas que pendant le cours de cette guerre , qui a duré cinq ans, il ne vous eft arrivé aucun mauvais accident, qui n'ait femblé être permis que pour votre gloire.

En 1635. l'Armée que V. M. envoya dans les Pays-Bas, gagna à fon entrée une célébre Bataille , avant qu'être jointe à celle des Etats-Généraux. Et fi le Prince d'Orange les commandant

toutes

toutes deux, n'eut aucun succès digne
de ses grandes forces, & de l'attente
qu'on avoit d'un Capitaine de sa réputation, la faute ne vous peut être imputée.

Ayant soumis vos armes au commandement de ce Prince, c'étoit à lui à
poursuivre la pointe d'une Armée qu'il
recevoit victorieuse. Mais la lenteur
d'une Nation pesante, ne sçut profiter
de l'ardeur de la vôtre, qui demande
des exécutions plutôt que des conseils ;
& qui ne venant pas promptement aux
mains, perd l'avantage que le feu de sa
nature lui donne sur toutes les autres
Nations du monde.

Cette même année les forces de l'Empire ayant passé le Rhin à Brisac, vin-
rent si près de vos frontieres, que si vous
ne putes les exemter de peur, vous
sçutes bien les garantir du mal dont
vos ennemis ne furent pas exemts.

On vit périr dans la Lorraine une
des plus puissantes Armées que l'Empereur eût de long-tems mis sur pied ;
& sa perte est d'autant plus considérable, que la seule patience de ceux qui
commandoient vos forces en ces quar-
tiers, en fut la cause.

C 4   En

En même tems le Duc de Rohan , favorisé des principales têtes des Grisons , qui desiroient leur liberté , entra heureusement dans leur Pays à force ouverte , se saisit des passages & des postes les plus importans , & les fortifia , nonobstant les oppositions que le voisinage du Milanez donnoit moyen aux Espagnols , d'y apporter commodément.

Les Ducs de Savoye & de Créqui , qui commandoient vos Armées en Italie , prirent un Fort dans le Milanez , & en bâtirent un autre sur le Pô , qui fut une fâcheuse épine aux pieds de vos Ennemis.

En 1636. la lâcheté de trois Gouverneurs de vos Places - Frontieres , ayant donné lieu aux Espagnols de prendre pied en ce Royaume , & d'y acquérir à bon marché un avantage très-notable ; sans vous abattre le courage, lorsque chacun sembloit être perdu , vous mîtes en six semaines une si puissante Armée sur pied , qu'on se pouvoit promettre la défaite entiere des vos ennemis , si ceux à qui vous en commîtes le commandement , l'avoient bien employée. Leurs défauts vous obligerent

rent vous-même à en prendre la conduite ; & Dieu vous aſſiſta de telle ſorte , que la même année vous reprîtes à
la vue de ceux qui n'avoient emporté
ces Places , que parce que vous étiez
éloigné , la ſeule qui importoit à votre
Etat.

Vous ſurmontâtes en cette exécution
beaucoup de traverſes qui vous furent
données par les vôtres mêmes , qui pré-
venus d'ignorance ou de malice , im-
prouvoient hautement un ſi haut deſſein.

Si le ſiége de Dôle ne vous réuſſit
pas , la raiſon qui oblige un chacun à
courir au plus preſſé , en fut la ſeule
cauſe. V. M. en divertit ſes forces avec
d'autant plus de prudence , qu'il étoit
plus important de reprendre Corbie
que de prendre Dôle.

Au même tems , Galas étant entré
dans ce Royaume , à la tête des principales forces de l'Empire , auſquelles le
Duc de Lorraine s'étoit joint avec les
ſiennes ; tous deux furent chaſſés de
la Bourgogne avec la honte de lever le
ſiége de Saint Jean de Laune , mauvaiſe Place , & le dommage de perdre une
partie de leur canon , & ſi grand nom-

bre de leurs gens, que de trente mille hommes avec lefquels ils étoient entrés en ce Royaume, ils n'en fortirent pas avec dix.

Le Thefin fut dans cette même année témoin d'une action, non moins honteufe en Italie, où les vôtres gagnerent un célébre & fanglant combat. Et vous eutes dans la Walteline des avantages d'autant plus confidérables, que vos ennemis s'étant plufieurs fois réfolus de venir aux mains avec vos Troupes, pour les en chaffer par la force, jamais ils ne tâcherent d'effectuer leurs deffeins, que combattre & être battus, ne leur fût une même chofe.

En 1637. vous emportâtes deux Places fur vos ennemis dans la Flandre, & reprîtes une de celles, qui l'an précédent leur avoient été livrées par la lâcheté des Gouverneurs.

Une troifiéme affiégée dans le Luxembourg fut prife peu après, & vos ennemis reçurent autant de dommage par l'entrée de vos Armées en leurs pays, qu'ils auroient eu deffein de vous en faire par la même voye.

Si une terreur panique de celui qui commandoit vos forces dans la Walteline,

line , & l'infidélité de quelques-uns de ceux pour la liberté defquels vous les aviez prifes , vous firent perdre & par lâcheté & par trahifon tout enfemble , les avantages que vous y aviez acquis par la force & par la raifon ; cette année fut heureufement couronnée par la reprife des Iles de Sainte Marguerite & de Saint Honorat , & par le cours de Leucare affiégé par les Efpagnols.

Par la premiere de ces deux actions, deux mille cinq cens François defcendirent en plein jour dans une Ifle , gardée par autant d'Efpagnols & d'Italiens ; une Ifle fortifiée par cinq Forts réguliers , conjoints les uns aux autres par des lignes de communication , qui l'enfermoient prefque toute entiere d'un bon parapet. Vos gens à leur defcente combattirent , & défirent vos ennemis qui leur firent tête , & après avoir contraint la plus grande partie de fe retirer dans leurs remparts , ils les y forcerent en fix femaines pied à pied , par autant de fiéges qu'ils y avoient de Forts ; bien qu'il y en eût un de cinq baftions Royaux , fi bien munis de canons , de gens , & de toutes fortes de chofes néceffaires , qu'il fembloit ne devoir pas être attaqué.   C 6   Par

Par la seconde ; une Armée puissante
si bien retranchée, qu'il n'y avoit qu'une
seule tête de mille toises par laquelle
on pût l'aborder, tête si bien fortifiée,
que de deux cens en deux cens pas, il
il y avoit des Forts & Redoutes gar-
nies de canon & bordées d'Infanterie,
fut attaquée de nuit & forcée par une
Armée, qui pour être moins nombreu-
se, ne laissa pas de la défaire entiérement, après plusieurs combats.

Ces deux actions sont si extraordinaires, qu'on ne peut dire que ce sont
des effets signalés du courage des hommes, sans ajouter qu'ils étoient secon-
dés de la Providence & de la Main de
Dieu, qui combat visiblement pour
nous.

En 1638. bien que le commencement
de l'année vous fût malheureux en Italie, à Saint Omer & à Fontarabie, par
le mauvais sort des armes, & par l'imprudence, la lâcheté ou la malice de
quelques - uns de ceux qui commandoient les vôtres, la fin couronna l'œuvre par la prise de Brisac, emportée par
un long siége, deux batailles & divers
combats tentés pour le secourir.

Au reste, vous ne sçûtes pas plutôt

le mauvais événement du siège de Saint
Omer, que V. M. portant sa personne
au lieu, où il sembloit qu'on pouvoit
craindre quelques fâcheux événemens;
elle arrêta le cours du malheur de ses
armes, en faisant prendre & raser Ren-
ti, Fort grandement incommode à la
frontiere.

Ensuite de quoi le Câtelet, la seule
de vos Places qui étoit entre les mains
de vos ennemis, fut emportée par force à leur vue, sans qu'ils osassent s'opposer à l'effet de vos armes.

La Bataille Navale en laquelle quatorze Galéres & quatre Vaisseaux Dun-
kerquois; tous retirés dans l'Anse de
Gattari, sous cinq batteries de terre,
pour n'oser tenir la mer devant dix-
neuf des vôtres, furent tous brûlés ou
coulés à fond, avec perte de plus de
quatre à cinq mille hommes, de cinq
cens canons, & d'une grande quantité
de munitions de guerre pour le secours
de Fontarabie, font des bons contrepoids, non des pertes que vous fites à
Saint Omer & à Fontarabie, qui ne
furent pas grandes; mais du gain que
vous manquâtes à faire par la prise de
ces places.

Si

Si l'on joint à cet avantage celui que vous eutes auparavant, lorſque vos armes firent perdre à vos ennemis dans le port du paſſage quatorze grands Vaiſſeaux, grand nombre de canons, drapeaux, & de toutes ſortes de munitions; on trouvera que ſi les Eſpagnols marquent cette année pour leur avoir été favorable, ils s'eſtiment heureux, quand leur malheur eſt moindre que leur crainte.

Enfin le combat des Galeres, peut-être le plus célébre qui ait jamais été donné en mer, où quinze des vôtres en attaquerent autant d'Eſpagne, & les combattirent avec un ſi grand avantage, que vos ennemis y perdirent quatre à cinq mille hommes & ſix Galéres, entre leſquelles un Capitaine & deux Patrons ne ſignalérent pas peu une ſi glorieuſe action.

Ce combat, dis-je, fait voir que la prudence de votre conduite n'a pas été ſeulement accompagnée de bonheur, mais qu'elle a été ſuivie de la hardieſſe de ceux qui ont commandé vos armes.

Pluſieurs choſes ſont à remarquer dans cette guerre.

La premiere choſe eſt; que V. M. n'y

n'y eſt entrée que lorſqu'Elle n'a pu l'éviter, & qu'Elle n'en eſt ſortie que lorſqu'Elle l'a dû faire.

Cette remarque eſt d'autant plus glorieuſe à V. M. qu'étant en paix, elle a été pluſieurs fois conviée par ſes Alliés à prendre les armes ſans le vouloir faire, & que pendant la guerre, ſes ennemis lui ont ſouvent propoſé une paix particuliere, ſans qu'Elle y ait jamais voulu entendre, parce qu'Elle ne devoit pas ſe ſéparer des intérêts de ſes Alliés.

Ceux qui ſçauront que V. M. a été abandonnée de divers Princes, qui avoient liaiſon avec Elle, ſans en vouloir abandonner aucun ; & qu'encore que quelques-uns de ceux qui ſont demeurés fermes en ſon parti, lui ayent manqué en diverſes choſes importantes ; ils ont toujours reçu des effets conformes à ſes promeſſes ; ceux-là dis je, reconnoîtront que ſi le bonheur de V. M. a paru grand dans le bon ſuccès de ſes affaires, ſa vertu n'eſt pas moindre que ſon bonheur.

Je ſçai bien que ſi elle eût manqué à ſa parole, elle eût beaucoup perdu de ſa réputation, & que la moindre perte

de

de ce genre fait qu'un Grand Prince n'a plus rien à perdre. Mais ce n'eſt pas peu que d'avoir ſatisfait à ſon devoir en diverſes occaſions , où la vengeance & le repos naturellement deſiré après la guerre , donnoient lieu de faire le contraire.

Il n'a fallu pas moins de prudence que de force , ni moins d'effort d'eſprit que d'armes, pour perſiſter preſque ſeul au même deſſein qu'on penſoit faire réuſſir par l'union de pluſieurs.

Cependant il eſt vrai que la défection de pluſieurs Princes* d'Allemagne , que la retraite que le Duc de Parme fut contraint de faire de votre parti par la néceſſité de ſes affaires ; que la mort du Duc de Mantoue , & la légéreté de ſa Douairiere , mere du jeune Duc , qui ne fut pas plutôt maîtreſſe , qu'oubliant les obligations qu'elle avoit à la France , Elle ſe tourna contr'elle ouvertement ; que le décès du Duc de Savoye , & l'imprudence de ſa veuve, qui ſe perdit

(* Saxe abandonna premiérement le Roi de Suede , Brandebourg , le Landgrave de Heſſe , pluſieurs Villes Anſéatiques , Wirtemberg , Parme & Mantoue.)

dit pour ne vouloir pas fouffrir qu’on la fauvât ; il eft vrai , dis-je , que tout ces accidens n’ont point ébranlé la fermeté de V. M. & qu’encore qu’ils altéraffent fes affaires , ils ne lui firent jamais changer fes deffeins.

La feconde remarque digne de grande confidération en ce fujet , eft que V. M. n’a jamais voulu pour fe garantir du péril de la guerre , expofer la Chrétienté à celui des armes des Ottomans , qui lui ont fouvent été offertes.

Elle n’ignoroit pas qu’Elle accepteroit un tel fecours avec juftice , & cependant cette connoiffance n’a pas été affez forte pour lui faire prendre une réfolution hazardeufe pour la Religion , mais avantageufe pour avoir la paix.

L’exemple de quelques-uns de fes prédéceffeurs & de divers Princes de la Maifon d’Autriche , qui affecte particuliérement de paroître auffi religieufe devant Dieu , qu’Elle l’eft en effet à fes propres intérêts , s’eft trouvé trop foible pour la porter , à ce que l’hiftoire nous apprend avoir plufieurs fois été pratiqué par d’autres.

La troifiéme circonftance qui a cau-
fé

fé de l'étonnement en cette guerre , eſt
le grand nombre d'Armées & de ſommes avec leſquelles il a fallu la ſoutenir.

Les plus grands Princes de la terre
ayant toujours fait difficulté d'entreprendre deux guerres à la fois ; la poſ-
térité aura de la peine à croire que ce
Royaume ait été capable d'entretenir
ſéparément , à ſes ſeuls dépens , trois
Armées de terre , & deux Navales, ſans
compter celles de ſes Alliés, à la ſubſiſtance deſquelles il n'a pas peu contribué.

Cependant il eſt vrai , qu'outre une
puiſſante Armée de vingt mille hommes de pied & de ſix à ſept mille chevaux , que vous avez toujours eue en
Picardie pour attaquer vos ennemis,
vous en avez en la même Province une
autre compoſée de dix mille hommes
de pied , & de quatre mille chevaux,
pour empêcher l'entrée de cette frontiere.

Il eſt vrai de plus , que vous en avez
toujours eu une en campagne de même
nombre que cette derniere.

Une en Bourgogne de pareille force.

Une non moins puiſſante en Allemagne.   Une

Une autre auſſi conſidérable en Italie, & encore une dans la Walteline
pendant certain tems. Et ce qui eſt digne d'admiration, la plus grande part
ont plutôt été deſtinées à attaquer qu'à
ſe défendre.

Bien que vos prédéceſſeurs ayant
mépriſé la mer juſqu'à ce point, que le
feu Roi votre pere n'avoit pas un ſeul
Vaiſſeau, V. M. n'a pas laiſſé d'avoir
en la mer Méditerannée pendant le
cours de cette guerre, vingt Galeres &
vingt Vaiſſeaux ronds, & plus de ſoi-
xante bien équipés en l'Océan. Ce qui
n'a pas ſeulement diverti vos ennemis
de divers deſſeins qu'ils avoient formés
ſur vos côtes, mais leur a fait autant
de mal, qu'ils penſoient nous en cauſer.

Vous avez de plus tous les ans ſecou-
ru les Hollandois de douze cens mille
livres, & quelquefois de davantage,
& le Duc de Savoye de plus d'un million.

La Couronne de Suede de pareille
ſomme.

Le Landgrave de Heſſe de deux cens
mille Riſdalles, & divers autres Princes de diverſes autres ſommes, ſelon

lon que les occafions l'ont requis.

Ces charges fi exceffives ont fait que la dépenfe de chacune des cinq années que la France a fupporté la guerre, a monté à plus de foixante millions; ce qui eft d'autant plus admirable, qu'elle a été foutenue fans prendre les gages des Officiers, fans toucher au revenu des particuliers, & même fans demander aucune aliénation du fonds du Clergé, tous moyens extraordinaires, aufquels vos prédéceffeurs ont été fouvent obligés de recourir en de moindres guerres.

Ainfi foixante millions de dépenfe par chacune des cinq années; cent cinquante mille hommes de pied, tant pour les Armées que pour les Garnifons de vos Places, & plus de trente mille chevaux, feront à la poftérité un argument immortel de la puiffance de cette Couronne.

Si j'ajoute que ces diverfes occupations ne l'ont pas empêchée de fortifier en même tems fi parfaitement toutes les frontieres, qu'au lieu qu'elles étoient auparavant ouvertes de toutes parts à fes ennemis, ils ne peuvent maintenant les regarder qu'avec étonnement,

je

je toucherai un nouveau point non moins considérable à la postérité, puisque mettant pour jamais ce Royaume en sureté, elle en recevra à l'avenir autant de fruit que V. M. en a reçu par le passé de travaux & de peines.

Ceux à qui l'histoire apprendra les traverses que V. M. a rencontrées dans tous ses grands desseins, par l'envie que ses prospérités, & la crainte de sa puissance lui ont attiré de divers Princes Etrangers, par le peu de foi de quelques-uns de ses Alliés, par la perfidie de ses mauvais sujets, par un frere mal conseillé en certains tems, par une mere toujours possédée de mauvais esprits, depuis que s'étant voulu priver des conseils de V. M. elle avoit distingué ses intérêts de ceux de son Etat, reconnoissant que tels obstacles ne relévent pas peu votre gloire, reconnoissant aussi que les grands cœurs ayant formé de grands desseins, ne peuvent être détournés par les difficultés qui s'y rencontrent : s'ils considerent de plus la légéreté naturelle de cette Nation, l'impatience des gens de guerre, peu accoutumés aux fatigues inévitables dans le cours des armes, & enfin

fin la foibleſſe des inſtrumens dont la néceſſité vous a contraint de vous ſervir en ces occaſions, entre leſquels je prends le premier rang, ils feront contraints d'avouer que rien n'a ſuppléé au défaut des outils que l'excellence de V. M. qui étoit l'artiſan.

Enfin s'ils ſe repréſentent que ſurmontant tous les obſtacles, vous êtes parvenu à la concluſion d'une Paix, en laquelle le défaut de quelques - uns de vos Alliés & l'affection que vous leur avez portée, vous ont fait relâcher une partie de ce que vous aviez conquis par vos ſeules forces, il leur ſera impoſſible de ne connoître pas que votre bonté eſt égale à votre puiſſance, & qu'en votre conduite la prudence & la Bénédiction de Dieu ont marché de même pas.

Voilà, Sire, juſqu'à préſent quelles ont été les actions de V. M. que j'eſtimerai heureuſement terminées, ſi elles ſont ſuivies d'un repos qui vous donne moyen de combler votre Etat de toutes ſortes d'avantages.

Pour ce faire, il faut conſidérer les divers Ordres de votre Royaume, l'Etat qui en eſt compoſé; votre perſonne

qui

qui est chargée de sa conduite, & les moyens qu'elle doit tenir pour s'en acquitter dignement ; ce qui ne requiert autre chose en général, que d'avoir un bon & fidele conseil ; faire état de ses avis, & suivre la raison dans les principes qu'elle prescrit pour le Gouvernement de ses Etats, c'est à quoi se réduira le reste de cet ouvrage, traitant distinctment ces matieres en divers chapitres subdivisés en diverses sections, pour les éclaircir plus méthodiquement.

REFORMATION
DES
DIVERS ORDRES
DE
L'ÉTAT.

ON pourroit faire des volumes entiers fur le fujet des divers Ordres de ce Royaume ; mais ma fin n'é-
tant pas telle que celle de beaucoup
d'autres qui fe contentent de bien dif-
courir de toutes les parties d'un Etat ,
fans confidérer fi le Public tirera utilité
de leur raifonnement , ou n'en tirera
pas ; je me reftreindrai à repréfenter en
peu de mots à V. M. ce qui eft le plus
important pour procurer l'avantage de
tous vos fujets , en leurs diverfes conditions.

CHA-

CHAPITRE II.

De la Réformation de l'Ordre Ecclé-siastique.

SECTION I.

Qui repréfente le mauvais état où l'Eglife étoit au commencement du Regne du Roi, celui auquel elle eft maintenant, & ce qu'il faut faire pour la mettre en celui auquel elle doit étre.

QUAND je me fouviens que j'ai vu dans ma jeuneffe les Gentilshommes & autres perfonnes Laïques, poffféder par confidence, non-feulement la plus grande part des Prieurés & Abbayes, mais auffi des Cures & Evêchés, & quand je confidére qu'en mes premieres années la licence étoit fi grande dans les Monafteres d'hommes & de femmes, qu'on ne trouvoit en ce temslà que des fcandales & des mauvais exemples, en la plûpart des lieux où l'on devoit chercher l'édification, j'avoue que je ne reçois pas peu de confolation de voir que ces défordres ayent été fi abfolument bannis fous votre

Regne, que maintenant les confidences
& le déréglement des Monasteres
foient plus rares que les légitimes pof-
feflions , & les Religions bien vivantes
ne l'étoient en ce tems-là.

Pour continuer & augmenter cette
Bénédiction , V. M. n'a autre chofe à
faire , à mon avis, que d'avoir un foin
particulier de remplir les Evêchés de
perfonnes de mérite & de vie exemplaire ; de ne point donner les Abbayes
& autres Bénéfices fimples de fa nomination , qu'à des perfonnes de probité,
de priver de fa vue & de fa grace ceux
qui ménent une vie trop libre dans une
fi fainte condition , comme eft celle
qui lie particuliérement les hommes à
Dieu, & de châtier exemplairement les
fcandaleux.

On pourroit propofer beaucoup d'autres expédiens pour la réformation du
Clergé ; mais pourvu que V. M. veuille obferver ces quatre conditions , &
traiter favorablement les gens de bien
de cette profeffion , Elle fatisfera à
fon devoir , & rendra les Eccléfiaftiques de fon Etat , ou tels en effet qu'ils
doivent être , ou au moins fi prudens ,
qu'ils travaillent à le devenir.

Je

Je dois à ce propos réprésenter à V.
M. qu'il faut bien prendre garde à ne
pas se tromper au jugement de la capacité des Evêques.

Tel pour être sçavant, peut être capable, qui en effet se trouvera mal propre
à cette charge, qui outre la science,
requiert zéle, courage, vigilance, piété, charité & activité tout ensemble.

Il ne suffit pas seulement d'être honnête & homme de bien, pour être bon
Evêque, mais étant bon pour soi, il faut
de plus l'être pour les autres.

J'ai souvent appréhendé que les gens
de bonne maison se continssent plus
difficilement en leur devoir, & fussent
moins reglés en leur vie, que d'autres ;
beaucoup, touchés de cette crainte, estiment que les Docteurs d'aussi bonne vie
que de basse naissance, sont plus propres
à tels emplois, que ceux qui sont d'extraction plus haute; mais il y a beaucoup
de choses à considérer sur ce sujet.

Pour avoir un Evêque à souhait, il
le faudroit sçavant, plein de piété, de
zéle, de bonne naissance, parce que
d'ordinaire l'autorité requise en telles
charges ne se trouve que dans les personnes de qualité. Mais étant difficile

de rencontrer toutes ces conditions en un même sujet ; je dirai hardiment que les bonnes mœurs, qui sans contredit doivent être considérées plus que toutes autres choses, étant présupposées, la qualité & l'autorité, qui d'ordinaire est sa compagne, doivent être préférées à la plus grande science : ayant souvent vu des gens Doctes fort mauvais Evêques, ou pour n'être pas propres à gouverner, à cause de la bassesse de leur extraction, ou pour vivre avec un ménage, qui ayant du rapport avec leur naissance, approche beaucoup de l'avarice ; au lieu que la Noblesse qui a de la vertu, a souvent un particulier desir d'honneur & de gloire, qui produit les mêmes effets que le zéle, causé par le pur amour de Dieu ; qu'elle vit d'ordinaire avec luftre & libéralité conforme à telle charge ; & sçait mieux la façon d'agir & converser avec le monde.

Il faut sur-tout qu'un Evêque soit humble & charitable, qu'il ait de la science & de la piété, un courage ferme & un zéle ardent pour l'Eglise & pour le salut de ses ames.

Ceux qui recherchent les Evêchés par ambition & par intérêt, pour faire

leur

leur fortune, font d'ordinaire ceux qui s'attachent à faire leur cour, pour obtenir par importunité, ce qu'ils ne peuvent efpérer de leur mérite ; auffi ne doit-on pas les choifir, mais ceux qui font appellés de Dieu à cet Etat, ce qui fe connoît par leur maniere de vie différente, ceux-ci s'exerçant aux fonctions Eccléfiaftiques qui fe pratiquent dans les Séminaires ; & il feroit fort utile que V. M. déclarât qu'Elle ne choifira que ceux qui auront paffé un tems confidérable après leurs études, à travailler aufdites fonctions dans les Séminaires, qui font les lieux établis pour les apprendre ; n'étant pas raifonnable que le plus difficile & le plus important métier du monde s'entreprenne fans l'avoir appris, vu qu'il n'eft pas permis d'exercer les moindres & les plus vils, fans avoir fait plufieurs années d'apprentiffage.

Après tout, la meilleure régle qu'on puiffe avoir en ce choix, eft de n'en avoir point de générale, mais de choifir quelquefois des gens fçavans, d'autres fois des perfonnes moins Lettrées & plus Nobles, des jeunes gens en certaines occafions, & de vieux en d'au-

D 3 tres,

tres , felon que les fujets de diverfes conditions fe trouveront propres au Gouvernement.

J'ai toujours eu cette penfée , mais quelque foin qu'on ait pu prendre de s'en bien fervir , j'avoue avoir été quelquefois trompé , auffi eft-il très-difficile de ne l'être pas en des jugemens d'autant moins aifés , qu'il eft prefque impoffible de pénétrer l'intérieur des hommes , ou d'arrêter leur inconftance.

Ils n'ont pas plutôt fouvent changé de condition , qu'ils changent d'humeur , ou pour mieux dire , qu'ils découvrent celle qu'ils avoient diffimulée jufqu'alors , pour parvenir à leurs fins.

Pendant que de tels efprits vivent dans la mifere, ils n'ont autre foin que de donner des apparences de beaucoup de bonnes qualités qu'ils n'ont pas , & lorfqu'ils font parvenus à ce qu'ils defirent, ils ne fe contraignent plus à cacher les mauvaifes qu'ils ont toujours eues.

Cependant fi on apporte les précautions que je propofe au choix qu'on voudra faire, quand même elles ne réuffiroient pas toujours ; on fera fuffifamment déchargé devant Dieu , je dirai hardiment , que V. M. n'aura rien à craindre

craindre , pourvu qu'obligeant ceux qui auront été choisis avec cette circonspection , de résider dans leurs Diocefes , d'y établir des Séminaires pour l'inftruction de leurs Ecclésiastiques , d'y visiter leur troupeau , ainsi qu'ils y sont obligés par les Canons , Elle leur donne le moyen de s'acquitter de ce devoir avec fruit.

Je parle ainsi , Sire , parce qu'il leur est maintenant tout-à-fait impossible , par les entreprises que les Officiers de V. M. font tous les jours sur leur Jurisdiction.

Six chofes font pareillement à desirer , pour faire que les ames qui leur font commises , reçoivent d'eux toute l'assistance qu'elles en doivent attendre.

Trois dépendent de votre propre autorité , une de Rome fimplement , & les deux autres de Rome , & de votre autorité tout enfemble.

Les trois premieres font les Réglemens d'appels comme d'abus , celui des cas privilégiés , & fuppreffion de la Régale prétendue pour la Sainte Chapelle de Paris , fur la plus grande partie des Evêchés de ce Royaume , jufqu'à ce que ceux qu'y nomme V. M. ayent fait leur ferment de fidélité.   D 4   La

La quatriéme eſt un Réglement en la pluralité des Sentences requiſes par les Canons, pour la punition d'un crime commis par un Eccléſiaſtique, afin que les coupables ne puiſſent à l'avenir s'exemter du châtiment qu'ils méritent, par les longueurs des formalités qui ſe pratiquent.

Et les deux autres, qui dépendent de l'Autorité Souveraine de l'Egliſe, & de la vôtre, tout enſemble, ſont les exemtions des Chapitres, & le droit de préſenter aux Cures, qu'ont divers Abbés & divers Séculiers.

Il faut examiner diſtinctement ces points l'un après l'autre.

SECTION II.

Des Appels comme d'Abus & des moyens de les régler.

JE n'entreprens pas en ce lieu d'éclaircir l'origine des Appels comme d'Abus, comme une choſe dont la connoiſſance ſoit abſolument néceſſaire, pourvu qu'on ſçache apporter remede à un tel mal, il importe peu de ſçavoir quand il a commencé.

Je

Je fçai bien qu'il eſt difficile de découvrir la vraie ſource de cette pratique , que l'Avocat Général Servien
avoit accoutumé de dire , que s'il eût
connu l'Auteur d'un ſi bon Réglement ,
il lui eût fait ériger une Statue.

Cependant il y a très-grand lieu de
croire que le premier fondement de cet
uſage , vient de la confiance que les Eccléſiaſtiques prirent en l'autorité Royale , lorſqu'étant maltraités par les An-
ti-Papes Clement VII. Benoît XIII. &
Jean XXIII. réfugiés en Avignon , ils
eurent recours au Roi Charles VI. lors
regnant , pour être déchargés des An-
nates , des Penſions , & des ſubſides
extraordinaires qu'ils leur impoſoient
fort ſouvent.

Les plaintes du Clergé de France ,
ayant porté ce Roi à faire une Ordonnance qui défendoit l'exécution des
Reſcrits , Mandats & Bulles que les Papes pourroient donner à l'avenir , au
préjudice des franchiſes & libertés dont
l'Egliſe Gallicane étoit jouiſſante. Cet
Ordre donna lieu aux premieres entrepriſes des Officiers du Roi, ſur la Juriſdiction des Eccléſiaſtiques.

Cependant il ne fut pas plutôt fait ,
D 5   que

que la crainte qu'ils eurent d'en recevoir du préjudice, au lieu d'en retirer
l'avantage qu'ils defiroient, porta le
Roi à en furfeoir l'exécution quelques
années. Enfuite la continuation des
véxations dont les Bénéfices étoient
travaillés, les fit exécuter pendant les
cours de quelques années, après lefquelles il fut enfin fupprimé par le Roi
Charles VII. au commencement de fon
Regne, à caufe des divers abus qui fe
commettoient en fa pratique.

L'expérience du mauvais ufage d'un
tel Ordre, obligea le Clergé à fupporter patiemment pour un tems, les mauvais traitemens qu'ils recevoient des
Officiers de la Cour de Rome.

Mais enfin le redoublement des exac-
tions qui fe faifoient fur eux, les contraignit de s'affembler à Bourges en
1438. pour avifer aux moyens de s'en
délivrer. Cette Affemblée célébre par
le nombre & le mérite des Prélats qui
s'y trouvérent, examina foigneufement les divers maux dont l'Eglife étoit
affligée; & jugea que le meilleur reméde qu'on y pouvoit apporter, étoit de
recevoir les décrets du Concile de Bâ-
le, qui réduifant prefque toutes chofes

ſes à la Conſtitution du Droit Commun & Canonique, ôtoit un moyen
aux Officiers de la Cour de Rome, de
rien entreprendre contre le Clergé.

Enſuite elle forma une Pragmatique
des Décrets de ce Concile, dont elle
réſolut l'exécution, ſous le bon plaiſir
du Roi, qu'elle ſupplia d'en être le Protecteur.

Le Roi adhérant aux ſupplications
de ſon Clergé, enjoignit par Ordonnance expreſſe à ſes Juges Royaux * de
faire obſerver religieuſement la Pragmatique qu'il avoit réſolue ; & c'eſt
de là que le mal que l'Egliſe ſouffre
maintenant en ce Royaume, par l'en-
tremiſe des Officiers du Roi, reprit de
nouvelles forces, après le commencement qu'il avoit eu ſous le Regne de
Charles V I. Et c'eſt de là que les Parlemens ont pris occaſion de s'attirer la connoiſſance de la plus gran-

D 6　　de

(* Les Juges Royaux avoient déja un peu
commencé à s'attirer la connoiſſance de ce qui
n'appartient qu'à l'Egliſe, ſous prétexte du Poſ-
ſeſſoire des Bénéfices, dont la Bulle du Pape
Martin, faite en l'an 1439. leur attribue la connoiſſance.)

de partie de ce qui n'appartient qu'au Tribunal de l'Eglife de Dieu.

Il leur fut fort aifé de s'attribuer à l'exclufion des Juges Subalternes , ce qui premierement n'avoit été commis qu'à eux , & d'étendre fous ce prétexte leur pouvoir au-delà de fes juftes bornes , puifqu'ils n'avoient à combattre en ce point que des inférieurs.

Dans l'établiffement du premier Ordre , fait pour rémédier aux infractions de la Pragmatique Sanction , les Appels * n'avoient point de lieu. On châtioit feulement ceux qui obtenoient des Refcrits ou des Mandats de la Cour de Rome contre le Droit Commun , fur la feule plainte qui en étoit faite & avérée , & ce , fans prendre connoiffance du fonds de la caufe.

Depuis, le tems qui change toutes chofes , joint à la puiffance , qui femblable au feu , attire tout à foi , a fait que d'un tel Ordre établi pour la confervation du Droit Commun , & des franchifes de l'Eglife Gallicane , contre les entreprifes

(* Ce premier Réglement n'eut jamais, ni le nom , ni la fin , ni l'effet des Appels comme d'Abus.)

entreprifes de Rome, on a paſſé aux Appels comme d'Abus, dont le déréglement anéantit tout-à-fait la Jurifdiction des Prélats François, & celle du Saint Siége tout enſemble.

Je ſçai bien que les plus ſubtils Partiſans des Parlemens, pour autoriſer leur pratique, peuvent dire que les Prélats aſſemblés à Bourges, ayant ſupplié le Roi d'empêcher par ſes Officiers que le Saint Siége ne contrevînt à la Pragmatique, lui ont tacitement donné droit de s'oppoſer aux contraventions qui pourroient y être faites par euxmêmes. Ce qui donne lieu de prendre connoiſſance des Sentences qui ſe donnent tous les jours en leur Tribunal.

Mais on peut en ce lieu alléguer le proverbe qui eſt véritable, qu'il n'y a dans le marché que ce qu'on y met, & que c'eſt une choſe auſſi certaine qu'évidente, que l'Egliſe Gallicane aſſemblée à Bourges, n'a jamais penſé à ce que prétendent ces Meſſieurs, & qu'elle n'a pas même eu lieu de le faire.

Elle a eu recours au Roi contre les entreprifes de Rome, parce que le S. Siége n'ayant point de Tribunal ſupérieur en terre ; les ſeuls Princes temporels

rels

rels , comme Protecteurs de l'Eglise , peuvent arrêter le cours des déréglemens des Officiers de Rome , au lieu que les entreprifes des Evêques peuvent être réprimées par leurs Supérieurs , vers lefquels l'on peut & l'on doit fe pourvoir.

Enfin celui qui donne des armes à fon ami pour le défendre , ne doit jamais être cenfé les lui mettre en main pour le tuer. Les Parlemens ne fçauroient prétendre que la protection que les Prélats affemblés à Bourges ont demandée au Roi , donne droit à fes Officiers d'opprimer leur Jurifdiction.

Cependant comme les maux font plus grands en leurs progrès & en leurs périodes qu'en leur commencement , le deffein des Parlemens couvert de divers voiles en certain tems , commença de paroître fans mafque au fiécle précédent * fous le Roi François I. qui à été celui qui s'eft le premier fervi du nom † d'Appel comme d'Abus dans fes Ordonnances.

Plufieurs

(* Ordonnance de 1539.)
{ † Le mot tire fon origine de la pratique des

Plusieurs connoissant le mauvais fondement de cet usage, dont l'Eglise se plaint maintenant, penseront, peut-être, que pouvant être aboli avec justice, il seroit à propos d'en user ainsi; mais j'estime qu'un tel changement feroit plus de mal que celui qu'on veut éviter, & qu'il n'y a que l'abus d'un tel Ordre qui soit dommageable.

Quelque fondement que puisse avoir l'usage qui est maintenant pratiqué, il est certain que lorsqu'on l'a voulu établir ouvertement, on n'a prétendu s'en servir que pour arrêter le cours des entreprises que les Juges Ecclésiastiques pouvoient faire sur la Jurisdiction Royale.

Depuis on ne s'est pas contenté de s'en servir contre les contraventions faites aux Ordonnances du Royaume, qui embrassent beaucoup de matieres autres que la Jurisdiction, mais on l'a encore étendu à celles des Saints Canons, & des Décrets de l'Eglise & du Saint

Procureurs & des Avocats, lesquels suivant l'Ordre de se pourvoir au Parlement par appel, donnerent aussi ce nom au recours que les Ecclésiastiques y avoient.)

Saint Siége , & enfin par excès d'abus à toutes fortes dé matieres où les Laïques prétendent lézion de Police , laquelle ils foutiennent appartenir aux feuls Officiers du Prince.

On pourroit demander avec raifon , que l'effet de ce reméde fût reftreint dans fes premiers termes, qui n'avoient autre étendue que l'entreprife de la Jurifdiction Royale , fuffifamment réglé par l'Article premier de l'Ordonnance de 1539. Mais pour ôter tout prétexte de lézion aux Officiers du Prince , & faire qu'ils ne puiffent avec apparence prétendre qu'il leur eft impoffible de faire obferver les Ordonnances, à caufe des entreprifes de l'Eglife ; j'eftime qu'elle peut confentir qu'il y ait lieu d'appel comme d'abus , lorfque les Juges prononceront directement contre les Ordonnances, qui eft le feul cas où Charles IX. & Henri III. par l'Article 59. de l'Ordonnance de Blois, veulent qu'ils foient admis. Pourvu que fous ce prétexte on ne les étende pas aux Contraventions faites aux Canons & Décrets , entant que beaucoup d'Ordonnances , particuliérement les Capitulaires de Charlemagne , répétent

fouvent

souvent la même teneur de celles de l'Eglise.

Je sçai bien qu'il sera mal-aisé de faire une indiction si exacte des Ordonnances aux fins que je prétens, qu'il n'arrive quelquefois du déréglement à quelque Réglement qu'on puisse faire ; mais il est vrai que s'il ne se trouve point de difficulté dans la volonté des Officiers du Roi , qui auront charge d'exécuter les siennes, l'ordre qu'il lui plaira sans peine leur donner , leur servira de régle.

La prétention qu'ont les Parlemens, que lorsque les Juges Ecclésiastiques jugent contre les Canons & les Décrets, dont les Rois sont exécuteurs & Protecteurs ; c'est à eux à corriger l'abus de leurs Sentences ; est en effet une entreprise si dénuée de toute apparence de Justice , qu'elle est tout-à-fait insuportable.

Si toute l'Eglise jugeoit contre les Canons & Décrets , on pourroit dire que le Roi, qui en est Protecteur, pourroit & devroit les soutenir par une voie extraordinaire , émanée de son autorité , mais puisque lorsqu'un Juge a prononcé contre leur teneur , la Sentence

peut

peut être infirmée & lui redreſſé par ſon Supérieur ; les Officiers du Prince ne peuvent, ſans mettre la main à l'Encenſoir, & ſans un abus manifeſte, vouloir faire ce qu'il n'appartient qu'à ceux qui ſont particulierement conſacrés à Dieu. Et lorſqu'ils en uſent ainſi, auparavant que la derniere Sentence de l'Egliſe ſoit donnée, leur entrepriſe n'eſt pas ſeulement dénuée de Juſtice, mais même de toute apparence.

Le deſſein qu'ont encore les Parlemens, de traduire toute la Juriſdiction Spirituelle & Eccléſiaſtique au Tribunal des Princes, ſous prétexte de la Juſtice Temporelle, n'eſt pas moins deſtitué de fondement & d'apparence ; cependant il n'y a point de Préſidial ni de Juge Royal qui ne veuille ordonner du tems des Proceſſions, de l'heure des Grandes-Meſſes, & de pluſieurs autres cérémonies, ſous couleur de la commodité publique ; ainſi l'acceſſoire tire le principal, & au lieu que le Culte de Dieu doit marcher le premier, & donner régle à toutes actions civiles, il n'aura plus de lieu, qu'entant que les Officiers Temporels des Princes le voudront permettre.

Je

Je fçai bien que la mauvaise Justice qui se rend quelquefois par ceux qui exercent la Jurisdiction Eccléfiastique, & les longueurs des formalités preścrites par les Canons, donnent un prétexte spécieux aux entreprises des Officiers du Roi; mais ce ne peut être avec raison, puisqu'un inconvénient n'en établit pas un autre, mais oblige à les corriger tous deux, qui est ce que je prétens faire voir ici.

Je passerois volontiers sous silence la prétention qu'ont encore les Parlemens de rendre abusif tout ce qui se juge contre leurs Arrêts, auſquels par ce moyen, ils veulent donner la même force qu'aux Ordonnances, si je n'étois obligé de faire voir que cet abus est d'autant moins supportable, que par une telle entreprise, ils veulent égaler leur autorité à celle de leur maître & de leur Roi.

Le mal que l'Eglise reçoit de pareilles entreprises, est d'autant plus infupportable, qu'il empêche absolument les Prélats de faire leurs Charges. Si un Evêque veut punir un Ecclésiastique, il se soustrait aussi-tôt à sa Jurisdiction par un Appel comme d'Abus; si en faisant

la

la visite il fait quelque Ordonnance , l'effet en est aussi-tôt empêché , parce que bien qu'en matiere de discipline les Appels soient seulement dévolutifs , les Parlemens les rendent suspensifs contre toute raison.

Enfin on peut dire avec vérité que l'Eglise est aux fers, & que si ses Ministres ont les yeux ouverts , ils ont les mains liées , enforte qu'en connoissant les maux , il n'est pas en leur pouvoir d'y apporter reméde.

Ce qui me confole en cette extrémité , c'est que ce qui est en ce sujet impossible à l'Eglise, sera facile à V. M. de la seule volonté de laquelle dépend le reméde à de tels déréglemens.

La premiere chofe qu'il faut faire pour s'en garantir , est d'ordonner qu'à l'avenir les Appels comme d'Abus ne foient plus admis, qu'au cas d'une manifeste entreprife fur la Jurisdiction Royale , & d'une évidente contravention aux Ordonnances purement émanées de l'autorité temporelle des Rois , & non de la Spirituelle de l'Eglife.

Cette Ordonnance préfuppofée , si pour la faire religieufement obferver V. M. fait un Réglement , qui con-

tienne

tienne six chefs ; Elle empêchera par ce moyen , & les entreprises de l'Eglise , & celles des Parlemens.

Le premier chef de ce Réglement, doit obliger à faire qu'à l'avenir tous les Appels comme d'Abus soient scellés du Grand Sceau pour le Parlement de Paris, & qu'en tous les autres, que l'éloignement de votre Cour contraint à se servir du Petit Sceau , ils ne puissent être scellés qu'au préalable trois anciens Avocats n'ayent affirmé sous leur sein , qu'il y a lieu d'abus, se soumettant à l'amende , s'il se trouve autrement.

·Le second doit déclarer que tout Appel interjetté en matiere de discipline, sera seulement * devolutif & non suspensif.

Le troisiéme doit faire que l'Abus dont

(* Pareil reméde fut pratiqué 15. ans après la Pragmatique , pour arrêter le cours des usurpations des Juges séculiers sur la Jurisdiction Ecclésiastique, il fut ordonné que ceux qui voudroient obtenir des Lettres de Chancellerie, pour s'opposer aux Rescrits & Lettres des Papes, seroient obligés de cotter évidemment les moyens par lesquels ils prétendoient justifier que la Pragmatique étoit enfreinte.

dont on ſe plaindra ſoit ſpécifié, &
dans le relief d'Appel, dans la Sentence qui interviendra ſur icelui ; ce qui
eſt d'autant plus néceſſaire, qu'il eſt
arrivé par le paſſé, que bien qu'il n'y
ait Abus qu'en un défaut de formalité,
ou en un ſeul point de la Sentence, qui
en contient pluſieurs lorſque le Parlement prononce qu'il y a abus, on tient
la Sentence infirmée en tous ſes chefs,
bien qu'elle ne le doive être qu'en une
de ſes circonſtances, qui d'ordinaire
n'eſt pas importante.

Le quatriéme doit aſtreindre les Parlemens à mettre les cauſes des Appels
comme d'abus, les premieres ſur le
Rôle, & à les faire appeller & juger
préférablement à toutes les autres, ſans
les appointer, pour éviter la longueur
qui eſt ſouvent deſirée par ceux, qui
n'ayant autre fin que d'éluder la punition de leurs crimes, n'ont autre but
que de laſſer leurs Juges ordinaires dont
ils ſont Appellans, & qu'il n'eſt pas raiſonnable de priver le public de l'Adminiſtration de la Juſtice Eccléſiaſtique,
rendant ceux qui en ſont les principaux
Officiers, ſimples ſolliciteurs devant
un Tribunal inférieur au leur.

Le

Le cinquiéme imposera la néceſſité aux Parlemens, de condamner toujours à l'amende & aux dépens, ceux qui auront mal appellé ſans les en pouvoir diſpenſer, pour quelque choſe, & ſous quelque prétexte que ce puiſſe être, & à les renvoyer devant les mêmes Juges dont ils ſe feront portés pour Appellans ſans raiſon ; ce qui eſt d'autant plus néceſſaire, que ſans ce reméde il ſeroit libre à tous criminels de ſe fouſtraire à la Juriſdiction ordinaire, en interjettant un Appel comme d'Abus ſans raiſon.

Or, parce que les meilleures Ordonnances & les plus juſtes Réglemens ſont ſouvent mépriſés par ceux qui doivent plus religieuſement les obſerver, & que la licence des Cours Souveraines paſſe ſouvent juſqu'à ce point, que de violer ou réformer vos Ordres, ainſi que bon leur ſemble ; pour rendre vos volontés effectives, & faire que V. M. ſoit obéïe en un point ſi important, la raiſon veut qu'à ces cinq premiers chefs vous en ajoutiez un ſixiéme, qui ſera un reméde auſſi puiſſant pour contraindre vos Officiers à faire leur devoir en ce ſujet, comme celui des Appels comme

d'Abus

d'Abus eſt excellent pour empêcher les
Juges Eccléſiaſtiques de manquer au
leur dans l'exercice de leur Juriſdiction.

Ce reméde ne réquiert autre choſe
que la permiſſion que vous demande
tout votre Clergé d'appeller de vous à
vous-même ; ſe pourvoyant à votre
Conſeil lorſque les Parlemens manquent à obſerver vos ordres & vos Réglemens.

Cela eſt d'autant plus raiſonnable,
qu'au lieu que pour réprimer les entrepriſes de l'Egliſe , ſe pourvoyant devant vos Juges , on ſe pourvoit à un
Tribunal d'un Ordre différent & inférieur par nature ; & qu'en ſe pourvoyant à votre Conſeil pour arrêter le
cours de celles de vos Parlemens , on
ſe pourvoit à un ordre qui eſt de même
eſpéce. Et ſans contredit ceux mêmes
qui envient les franchiſes de l'Egliſe,
n'y ſçauroient trouver à redire , puiſqu'au lieu de la rendre indépendante
de la Juriſdiction temporelle , il augmente d'un dégré ſa ſujétion.

Enfin , il ſera d'autant plus avantageux à V. M. qu'en contenant la puiſſance de l'Egliſe dans ſes propres bornes ,

nes, il reſtreindra auſſi celle des Parlemens dans la juſte étendue qui leur eſt
preſcrite par la raiſon & par vos Loix.

Et outre le commandement que V.
M. fera à ſon Conſeil, d'uſer en ce ſujet de la puiſſance qu'il a d'empêcher
par votre autorité les entrepriſes de
tous vos ſujets, & particulierement
celles de vos Officiers qui exercent votre Juſtice en ce Royaume; Elle prend
un ſoin de le remplir, non des gens
dont la prétention & l'importunité ſont
les principaux titres qu'ils peuvent produire pour obtenir leurs fins; mais de
perſonnes choiſies par leur pur mérite,
dans toute l'étendue de votre Royaume; Elle aura le contentement de voir
que ceux qui ne voudront pas ſe contenir dans les bornes de leur devoir
par la raiſon, y ſeront contraints par
la force de la Juſtice; ce qui ne ſera pas
long-tems continué, qu'on ne voie
clairement que ce qui aura été forcé
au commencement, ſera enfin devenu
volontaire.

SECTION III.

Des Cas Privilégiés & des moyens de les régler.

LEs perſonnes qui ſe conſacrent à Dieu, s'attachant à ſon Egliſe, ſont ſi abſolument exemtées de la Juriſdiction Temporelle des Princes, qu'elles ne peuvent être jugées que par leurs Supérieurs Eccléſiaſtiques.

Le Droit Divin & celui des gens établiſſent clairement cette immunité. Le Droit des gens, en ce qu'elle a été reconnue de toutes les Nations. Celui de Dieu, par l'aveu de tous les Auteurs qui en ont écrit auparavant la Juriſprudence moderne du dernier ſiécle.

L'Egliſe a demeuré dans cette poſſeſſion juſqu'à ce que le mauvais ordre qui s'eſt trouvé dans l'adminiſtration de la Juſtice Eccléſiaſtique a donné lieu à l'ambition des Officiers des Princes Temporels d'en prendre connoiſſance.

Elle-même reconnoiſſant que le malheur

heur des tems l'empêchoit de pouvoir réprimer par fa propre force , beaucoup de défordres qui avoient pris pied en ceux qui étoient foumis à fa Jurifdiction , fe réfolut pour ôter tout fujet de plainte , à raifon de l'impunité des crimes qui fe commettoient à l'ombre de fon autorité , de donner pouvoir aux Juges Séculiers d'en connoître en certains cas appellés Privilégiés , * parce qu'ils n'en pouvoient prendre connoiffance , qu'en vertu du Privilége qui leur étoit particuliérement accordé à cet effet.

Il faut noter à ce propos, qu'autres font les cas qui font cenfés Privilégiés en tous Etats, & autres ceux qui font particuliérement prétendus tels en France.

Les premiers fe peuvent réduire à deux, qui font l'homicide volontaire, fait de propos délibéré, & l'Apoftafie manifefte , comme porter les

E 2   Clercs

(* Il y a cinquante ans que cette diftinction de cas Privilégiés & du Délit commun étoit inconnue à l'Eglife ; le Délit commun contient toutes les fautes, dont la connoiffance appartient au Tribunal Eccléfiaftique.)

Clercs à méprifer & délaiffer la vie Ecléfiaftique , à en quitter l'habit & vivre avec fcandale dans le monde , foit en portant les armes , foit en faifant quelqu'autre action toute contraire à leur profeffion.

Les feconds étoient au commencement en petit nombre : Lorfque la Pragmatique fut établie , il n'y en avoit que deux , le port d'Armes & l'infraction de la Sauve-garde du Roi , mais peu à peu leur étendue s'eft augmentée.

Toute contravention à la Pragmatique a été eftimée cas privilégié.

Celle des Concordats a été mife enfuite en même cathegorie.

La reconnoiffance de Cédule devant le Juge Royal s'eft auffi trouvée de même genre.

Les Rapts, les vols faits fur les grands chemins , le faux témoignage , la fauffe monnoye , le crime de Léze-Majefté , & tous les cas énormes font cenfés de même nature par les Parlemens.

Enfin, s'ils en font crus , toutes les fautes des Eccléfiaftiques , même les fimples injures fe trouveront cas privilégiés , il n'y a plus de délit commun.

Les crimes reconnus privilégiés en
tous

tous Etats, le font par le confentement & par l'avis commun de toute l'Eglife, & beaucoup de ceux qui font tels en ce Royaume, le font par abus & par la feule entreprife des Officiers Royaux.

Ils fe font attribués d'autant plus hardiment la connoiffance de tous les déportemens des Clercs, que felon l'ordre des Canons qui réquiert trois Sentences conformes pour la condamnation de leurs fautes, il eft très-difficile même de punir les plus notables, & impoffible de le faire en peu de tems.

Bien que ce prétexte foit plaufible, & qu'il oblige à la réformation des formalités obfervées en l'Adminiftration de la Juftice de l'Eglife ; néanmoins les anciens Jurifconfultes n'ont pu voir telle entreprife fans la blâmer ouvertement. Et il ne fert de rien de dire que ces crimes rendent les Eccléfiaftiques indignes de leurs immunités, puifque par femblable raifonnement on inféreroit forces conclufions auffi fauffes que préjudiciables à ceux mêm̃: qui tirent de telles conféquences.

La feule conféquence qu'on peut tirer des longueurs & du déréglement qui fe remarque en l'adminiſtration de la Juſtice de l'Egliſe, eſt qu'il y faut apporter l'ordre requis, & qu'ainſi que les Eccléſiaſtiques y ſont obligés, auſſi les Rois le ſont-ils de la maintenir aux immunités que Dieu a voulu attacher à ſon Egliſe.

Pour ſatisfaire à ces deux obligations, l'Egliſe doit remédier par les voies que nous propoſerons ci-après, aux inſuportables longueurs des trois Sentences requiſes par les anciens Canons, & enſuite ſe rendre ſi exacte à la punition des crimes qui feront commis par ceux qui ſont ſoumis à ſa puiſſance, qu'on ne s'apperçoive pas plutôt d'un ſcandale, qu'on n'en voye au même tems la punition exemplaire.

Et le Roi faiſant une Déclaration qui exprime tous les cas privilégiés qui peuvent être réduits à ceux qui peuvent être commis par tels, & en tous Etats & en tout Ordre, & en outre au port d'Armes, à l'infraction de la Sauvegarde du Roi, à la reconnoiſſance des Cedules, à l'Apoſtaſie manifeſte, ainſi qu'elle eſt expliquée ci-deſſus aux vols ſur les grands chemins, à la fauſſemonnoye, & à tout autre crime de

Léze-

Léze-Majesté, doit si absolument défendre à ses Officiers de connoître de
tous autres cas, jusqu'à ce que les accu-
sés leur soient envoyés par les Juges
de l'Eglise, que s'ils contreviennent
à cet Ordre, on sçache presque aussi-
tôt leur punition que leur délit.

Or, parce que la Justice veut qu'on
prenne une exacte connoissance d'une
faute auparavant que de penser à son
châtiment, & que les Rois ne sçauroient
par eux-mêmes rendre la Justice à tous
leurs sujets; Sa Majesté satisfera à son
obligation, si Elle commande à son
Conseil-Privé de recevoir les plaintes
des contraventions que ses Officiers de
quelque qualité qu'ils puissent être,
feront à un tel Réglement; & de punir sévérement leurs entreprises. Auquel cas l'Eglise étant contente d'un tel
Ordre, se rendra d'autant plus soi-
gneuse de rendre la Justice, qu'elle la
recevra de son Prince.

SECTION IV.

Qui fait voir de quelle conséquence est la Régale prétendue par la Sainte Chapelle de Paris sur les Evêques de France, & ouvre les moyens de la supprimer.

ENCORE que les Chanoines de la Sainte Chapelle * de Paris soutiennent que la Régale leur a été donnée par Saint Louis leur Fondateur ; il est néanmoins vrai que la premiere cession qui s'en trouve est celle de Charles VII. qui leur donne pour trois ans seulement le droit de jouir du revenu Temporel des Evêchés vacans , ausquels la Régale se trouveroit avoir lieu. Le terme de cette grace étant expiré , il la leur continua pour trois autres années, & pour quatre suivantes ; le tout à condition que la moitié

(* Par Lettres Patentes de 1453. Charles VII. fit cette grace à la Sainte Chapelle, au lieu du Don que Charles V. leur avoit fait du reste de tous les comptes rendus à la Chambre , qu'il vouloit être employés à la réparation , tant du Palais que de la sainte Chapelle.)

moitié des deniers qui en proviendroient, feroit employée à l'entretien des Chantres qui devoient faire le Service; & l'autre, aux réparations, aux vîtres, aux ornemens, & à la nourriture des enfans de Chœur, ainfi qu'il feroit ordonné par la Chambre des Comptes de Paris.

Charles VII. étant mort, fon fils Louis XI. continua cette même grace à la Sainte Chapelle, pour tout le cours de fa vie, ce qui fembla alors fi extráordinaire, que la Chambre des Comptes ne voulut vérifier les Lettres que pour neuf ans.

Enfuite du Regne de Louis XI. fes Succeffeurs Charles VIII. François I. & Henri II. continuerent cette même grace, chacun pendant fa vie.

Charles IX. paffa outre, * & accorda à perpétuité à la Sainte Chapelle, ce que fes prédéceffeurs ne lui avoient accordé que pour un tems.

L'intention qu'eurent ces Princes eft digne de louange, puifqu'ils donnerent à bonne fin un droit qui leur appartenoit. Mais la façon avec laquelle

E 5   ceux

(* Par l'Edit de Février 1565.)

ceux de la Sainte Chapelle en ont ufé, ne fçauroit être affez blâmée, en ce qu'au lieu de fe contenter de ce qui leur avoit été donné, ils ont voulu fous ce prétexte, affujettir tous les Evêchés de France à la Régale.

Le Parlement de Paris qui prétend feul avoir la connoiffance des Régales, s'eft aveuglé jufqu'à ce point en fon propre intérêt, qu'il n'a pas craint d'affujettir à cette fervitude * tous les Evêchés même, qui de notre tems ont été unis à la Couronne, & d'ordonner en termes exprès aux Avocats, de ne plus douter que l'étendue de la Régale ne fût auffi grande que celle du Royaume.

Cette entreprife trop ouverte pour avoir effet, donna lieu aux Eglifes qui fe trouvent exemtes de ce droit, de ne vouloir plus connoître ce Tribunal pour Juge, & aux Rois d'évoquer toutes les inftances de cette nature à leur Confeil.

L'étendue de ce Droit fur tous les Evêchés du Royaume eft une prétention fi mal fondée, que pour en con-

noître

(* L'Evêque du Bellay.)

noître l'injuftice, il ne faut que lire un Titre,*dont l'original eft à la Chambre des Comptes , & que le Préfident le Maître a fait imprimer , qui fait une énumération des Evêchés qui font fujets à la Régale , & de ceux qui en font exemts.

Autrefois l'opinion commune étoit, qu'au delà du Fleuve de Loire, il n'y avoit point de Régale ; † les Rois Louis

E 6   le

(* Le Titre commence par ces mots , *Dominus Rex.*)

(† L'Ordonnance, *Dum Epifcopus alicujus Epifcopatus , ubi Rex habet Regaliam.*

Philippe IV. en fes Philippines de l'année 1302. ufe de ces mots , *in aliquibus Ecclefiis Regni.*

Philippe VI. en fon Ordonnance de l'an 1334. parle de la forte, *aux Evêchés aufquels nous avons Régales.*

Louis XII. en fon Ordonnance de 1499. citée par le Premier Préfident le Maître, *Nous avons défendu & défendons à tous nos Officiers qu'aux Archevêchés , Evêchés & Abbayes , & autres Bénéfices aufquels nous avons droit de Régale ou de Garde , ils ne le mettent , fous peine d'être punis comme Sacriléges.*

Pafquier , au Liv. III. des Recherches. Ch. XIII.

Le feu Roi Henri IV. par fon Edit de l'an 1606. Article 17. *N'entendons jouir des Droits*

le Gros & Louis le Jeune en exemte-
rent l'Archevêché de Bourdeaux & ſes
Suffragans. Raymond, Comte de Tou-
louſe

de Régale , ſinon en la même façon que nos prédé-
ceſſeurs & Nous l'avons fait , ſans l'étendre au
préjudice des Egliſes qui en ſont exemtes : & ce
bon Prince croyant que le Parlement de Paris
jugeroit au contraire, ſurſit pour un an toutes
les inſtances de Régale, par ſes Lettres du 6.
Octobre 1609.

Le Roi à préſent regnant, devenu héritier de
ſa piété auſſi-bien que de ſon Royaume , déclare par l'Ordonnance de 1629. Art. XVI. *Qu'il*
ne veut jouir de la Régale , qu'ainſi qu'il a été
fait par le paſſé : & Meſſieurs du Clergé s'étant
plaints que ces termes n'étoient pas aſſez précis,
Sa Majeſté fit donner cette Réponſe , écrite par
ſes Commiſſaires *Que l'Ordonnance étant réfé-*
rée à celle de 1606. ces termes ſuffiſoient pour té-
moigner qu'Elle ne vouloit jouir de la Régale aux
lieux où Elle n'en a pas joui par le paſſé.

L'Ordonnance , *Dominus Rex* , uſe de ces
mots , *Conſuevit capere Regaliam.*

Philippe IV. en ſon Ordonnance de 1302.
dit , *Regalias , quas Nos & Prædeceſſores noſtri*
conſuevimus percipere.

Et la Philippine de l'an 1334. *Nos Prédecſ-*
ſeurs Rois, pour cauſe de Régale , & de ia No-
bleſſe de la Couronne de France , ont uſé & ac-
coutumé d'être en Poſſeſſion & Saiſine ; & depuis
tous les Rois en leurs Ordonnances n'ont parlé
que de la Coutume & de leurs Poſſeſſions.)

fouſe accorda même grace aux Evêques de Languedoc & de Provence, ce qui leur fut depuis confirmé par Philippe le Bel ; & Saint Louis céda la Régale de toute la Bretagne aux Ducs du Pays par le Traité qu'il fit avec Pierre Mauclerc ; ce qui montre bien qu'il ne la donna pas à la Sainte Chapelle, lorſqu'il la fonda.

Pluſieurs autres Evêchés, comme Lyon, Autun, Auxerre, & divers autres, ſont ſi certainement exemts de cette ſujetion, qu'on ne le révoque pas en doute.

Les Ordonnances faites en divers tems font clairement connoître, que jamais les Rois n'ont prétendu, que la Régale eût lieu ſur tous les Evêchés ; & cette vérité eſt ſi évidente, que Paſquier, Avocat du Roi en la Chambre des Comptes, eſt contraint de confeſſer, que celui qui ſoutient cette doctrine, eſt plutôt, *un Flateur de Cour, qu'un Juriſconſulte François.* Ce ſont ſes termes.

L'ignorance, ou pour mieux dire, la lâcheté & l'intérêt de quelques Evêques, n'a pas peu contribué à la vexation, que ſouffrent préſentement les

Prélats

Prélats de ce Royaume, en ce que pour se délivrer de la perſécution qu'ils reçoivent en leur particulier, ils n'ont pas craint de recevoir de la ſainte Chapelle, quittance de ce qu'en effet ils ne lui payoient pas.

La créance qu'ils ont eue qu'en diſputant leur droit devant des Juges qui étoient leurs parties, ils ſeroient condamnés, leur a fait eſtimer qu'ils pouvoient innocemment commettre une telle faute, dont la ſuite ſeroit d'une très-dangereuſe conſéquence, ſi la bonté de V. M. ne réparoit le mal de leur foibleſſe.

Le Droit Commun voulant que la diſpoſition des fruits d'un Bénéfice vaquant ſoit réſervée au futur ſucceſſeur; on ne peut en uſer autrement, ſans un titre autentique, qui en donne le pouvoir.

Cependant il ne s'en trouve point qui établiſſent ſi clairement la prétention qu'ont les Rois, d'en diſpoſer ainſi que bon leur ſemble; & pour la juſtifier, il faut avoir recours à la coutume.

Cette vérité eſt ſi certaine, que toutes les Ordonnances faites ſur ce ſujet, ne font mention que de leur ancienne poſſeſſion.   Or

Or parce qu'il est aisé aux Puissances souveraines de s'attribuer sous divers prétextes ce qui ne leur appartient pas; & que par ce moyen une usurpation injuste en son origine, peut être quelque tems après censée légitime en vertu de leur possession : Il semble que l'on pourroit douter avec raison , que la coutume peut avoir la force d'un titre autentique au fait des Souverains.

Mais n'ayant pas résolu de disputer les droits de V. M. mais seulement de Vous porter à les régler ; en sorte qu'ils ne portent point de conséquence au salut des Ames, sans vouloir approfondir davantage l'origine & le fondement des régales que je suppose valables; Je ne prétens autre chose qu'éclaircir ce que la sainte Chapelle peut prétendre en vertu des concessions qu'elle a reçues de vos prédécesseurs , & proposer les remédes qu'il faut apporter à l'abus qui se commet en la jouissance d'une telle grace.

Il arrive souvent qu'un Evêque riche en toutes les qualités que lui donnent les Canons , & que la piété des gens de bien lui peut desirer ; mais pauvre par sa naissance , demeure deux ou trois

ans

ans dans l'impuiſſance de faire ſa charge, tant par le payement des Bulles auquel les Concordats l'ont obligé, qui emporte ſouvent une année entiére de ſon revenu, qu'à cauſe que ce nouveau droit lui en ſouſtrait un autre. De ſorte que ſi l'on joint à ces deux dépenſes, celle qu'il faut qu'il faſſe pour acheter des ornemens, dont il a beſoin, & ſe meubler ſelon ſa dignité; il ſe trouvera ſouvent que trois ans ſe paſſent avant qu'il puiſſe rien tirer pour ſa nourriture, ce qui fait que beaucoup ne vont pas à leur Evêché, s'excuſant ſur la néceſſité; ou quittant le ménage qu'ils ſont obligés d'y faire, ſe privent de la réputation qu'ils doivent avoir pour paître leur troupeau, auſſi bien par pluſieurs actions de charité, que par leurs paroles.

Il arrive auſſi quelquefois, que pour éviter ces inconvéniens, ils s'engagent de telle ſorte, que quelques-uns ſe laiſſent aller à pratiquer de mauvais moyens pour acquitter leurs dettes; & ceux qui ne tombent pas dans cette extrémité, vivent en perpetuelle miſere, & fruſtrent enfin leurs créanciers de ce qu'ils leur doivent, par l'impuiſſance de les pouvoir payer.

Le

Le reméde de ce mal est aussi aisé qu'il est nécessaire, puisqu'il ne consiste qu'à annexer à la sainte Chapelle une Abaye d'un pareil revenu que celui qu'ils peuvent retirer de cet établissement.

On dira peut-être, qu'il ne sera pas aisé d'éclaircir ce point nettement, à cause de la difficulté que fera cette Compagnie de mettre au jour ce qu'elle veut tenir caché. Mais si vous ordonnez qu'en deux mois elle justifiera par les actes de ses Registres, ce dont elle jouissoit auparavant la concession perpétuelle que lui fit Charles IX. & ce sur peine d'être déchue de son droit : Ce procédé fort juridique fera voir justement le pied qu'il faut prendre, pour récompenser le bienfait qu'elle a reçu de vos prédécesseurs.

Je sçai bien que ce Chapitre prétendra qu'on doit considérer le revenu qu'il reçoit de la Régale, selon qu'il en jouit présentement, mais étant certain qu'ils ne furent pas plutôt assurés de la perpétuité de cette grace, qu'ils l'étendirent sur divers Evêchés, qui de soi sont éxemts ; il est clair que le tems que je propose est celui sur lequel on peut justement prendre ses mesures.

Si V. M. en ufe ainfi , Elle procurera à peu de frais un bien indicible à fon Eglife , par le moyen duquel les ames pourront plus aifément recevoir la nourriture qui leur eft fi néceffaire , & qu'elles doivent attendre de leurs Pafteurs.

Si enfuite Elle continue en la réfolution qu'elle a prife , & qu'elle a toujours continuée dépuis long-tems , de ne mettre aucune penfion fur les Evêchés, ce qui eft abfolument néceffaire : Elle n'omettra aucune chofe, qui foit en fa puiffance ; pour empêcher que la néceffité des Evêques les mette hors d'état de faire leur devoir.

SECTION V.

De la néceffité qu'il y a de racourcir les longueurs qui s'obfervent dans le Cours de la Juftice Eccléfiaftique , d'où il arrive que trois crimes y font impunis.

IL n'y a perfonne qui ne fçache que les Ordres qui font de la pure Police en l'Eglife, peuvent & doivent fouvent
être

être changés , selon le changement des tems. En la pureté des premiers siécles du Christianisme, tel établissement de ce genre a été bon , qui maintenant seroit très-préjudiciable.

Le tems qui est le pere de toute corruption , ayant rendu les mœurs des Ecclésiastiques différentes de ce qu'elles étoient en la ferveur de leur premier zéle ; il est certain qu'au lieu que pendant le cours de plusieurs innocentes années de l'Eglise, dans lequel le zéle des Prélats les rendoit aussi sévéres en la punition des crimes, qu'ils en sont à présent lâches & négligens : Il est certain, dis-je, qu'au lieu qu'en ce tems-là , les longueurs des Formalités de la Jurisdiction Ecclésiastique n'étoient point à craindre, elles sont maintenant très-préjudiciables, & la raison ne permet pas de les continuer.

Cette considération fait qu'il est très-nécessaire d'abolir l'ancien ordre prescrit par les Canons, qui requiérent trois Sentences conformes pour la conviction des Clercs.

Le mauvais usage qui s'est fait depuis long-tems d'un tel Ordre , auteur de toute impunité ; & par conséquent des
désordres

défordres en l'Eglife, l'oblige à fe faire
juftice en ce point, pour ôter tout prétexte aux Juges temporels de fuivre l'o-
pinion de certains Théologiens, qui
n'ont point craint de dire, qu'il vaut
mieux que l'Ordre foit apporté par un
Juge incompétent, que de voir régner
le défordre.

Il eft impoffible d'ôter le droit de
Jurifdiction des Archevêchés, des Primats du faint Siége, d'autant qu'il arrive fouvent qu'il fe donne fix ou fept
Sentences, auparavant qu'il s'en trouve trois conformes ; on peut remédier à cet inconvenient, en ordon-
nant que la Sentence des Juges délégués
du Pape, fur l'Appel du Primat, ou de
l'Archevêque, fera définitive & fou-
veraine ; & afin que ce dernier Jugement puiffe être obtenu promptement,
& que le zéle de l'Eglife paroiffe en la
bonne adminiftration de fa Juftice, il
eft à propos qu'il plaife au Roi fe joindre à fon Clergé, pour obtenir du faint
Siége, qu'au lieu de recourir à Rome
en tous les cas particuliers qu'il faut
juger, il veuille déléguer en toutes les
Provinces du Royaume, des perfonnes
de capacité & de probité requife, qui

fans

sans nouveaux rescrits puissent juger souverainement tous les appels qui se feront en son Tribunal.

Cette proposition ne peut être odieuse à Rome, puisque le Concordat oblige les Papes de déléguer, *in partibus*, pour la décision des Causes qui s'y présentent; seulement il y aura cette différence, qu'au lieu que maintenant il faut en chaque Cause se pourvoir à Rome, pour la Délégation desdits Juges, ils se trouveront lors tous nommés pour la décision de toutes les causes du Royaume ; ce qui facilitant la punition des crimes des Ecclésiastiques, doit ôter tout prétexte aux Parlemens, d'entreprendre, comme ils font, sur la Justice de l'Eglise, & aux Ecclésiastiques tout sujet de se plaindre d'eux.

Aussi ceux qui sont ennemis déclarés de l'Eglise, ou envieux de ses immunités, auront à l'avenir la bouche fermée contr'elle : & les meilleurs de ses enfans, qui n'ont pas voulu parler en ce sujet jusqu'à présent, pour soutenir sa cause, parleront hardiment & la tête levée, défendant son autorité, contre ceux qui la voudroient opprimer sans raison.

Je fçai bien que le Saint Siége appré-
hendera que fes Délégués établis, comme je le propofe, puiffent prendre avec
le tems une dictature perpetuelle; mais
les changeant de tems en tems, comme
je l'eftime à propos & néceffaire; cet
inconvénient ne fera point à craindre,
& fi l'on continue à obtenir de Rome
les Réliefs d'appels en chaque caufe,
comme on le peut fouffrir, les droits
du Saint Siége demeureront en leur entier, fans aucune diminution.

On dira, peut-être, qu'il ne faudroit
pas plus de tems, pour obtenir de Rome
nouvelle délégation de Juges, à chaque
crime qui fe commettra, que pour a-
voir un Rélief d'appel, pour renvoyer
à ceux qui feront déja délégués; mais
il y a bien de la différence, étant certain qu'un des principaux abus, qui
empêchent la punition des crimes des
Clercs, confifte en ce que l'Appellant
obtient d'ordinaire à Rome fon Renvoi
devant tel Juge que bon lui femble en
France, par collufion avec des Ban-
quiers qui pour de l'argent fervent
leurs Parties comme ils veulent.

SECTION VI.

Qui repréſente le mal que reçoit l'Egliſe des quatre exemtions dont jouiſſent diverſes Egliſes au préjudice du Droit commun, & propoſe les moyens d'y remédier.

EXemtion eſt une Diſpenſe, ou Rélaxation, de l'obligation que l'on a d'obéir à ſon Supérieur : Il y en a de différentes eſpéces ; les unes ſont de Droit, les autres de Fait.

Les exemtions de Droit, ſont celles dont on jouit par la Conceſſion d'un Supérieur légitime, qui les donne avec connoiſſance de cauſe.

L'Exemtion de Fait, eſt celle dont on eſt en poſſeſſion ſans titre, * mais ſeulement par l'uſage d'un tems immémorial.

Au lieu que le premier genre des Exemtions

(* *Quod enim, quæ ſine Privilegio poteſt acquiri, conſuetudine immemoriali, diſent les Canons.*)

Exemtions eſt approuvé des Caſuiſtes,
comme fait d'une légitime autorité.

Le dernier, qui de ſoi n'eſt pas légitime, n'eſt pas toujours condamné par
eux ; parce que ceux qui jouiſſent de
tems immémorial d'un privilége, ont
eu autrefois des Bulles, qui le leur
accordoient, bien qu'ils ne les puiſſent
montrer.

Il y a trois diverſes exemtions des
lieux ; La premiere eſt celle des Monaſ-
téres des Mendians, que l'Evêque ne
viſite pas, bien qu'il y ſoit reçu ſolemn-
nellement quand il y va, qu'il y puiſſe
tenir ſes Ordres, & faire toutes les
fonctions Epiſcopales, quand bon lui
ſemble.

La ſeconde eſt de beaucoup d'autres
lieux, auſquels ils ne ſont point reçus,
& ne peuvent faire aucune fonction
Epiſcopale, s'ils ne donnent une decla-
ration, que c'eſt ſans préjudice des
droits & priviléges deſdits lieux : l'Ab-
baye de Marmoutier, celle de Vendôme, & pluſieurs autres ſont en ces termes.

La troiſiéme eſt de certains territoi-
res, en l'étendue deſquels l'Evêque
n'exerce aucune Juriſdiction, non pas
même

même fur les laïques , fur lefquels ceux qui jouiffent d'une telle exemtion , ont feuls la Jurifdiction & la puiffance appellée communement , *Lex Diocœfana* : Les Abbaïes de faint Germain des Prez , de Corbie , de faint Florent le Viel , de Fefcamp & plufieurs autres , font en ces termes dans toute l'étendue de leur territoire , les feuls Religieux exercent toute la Jurifdiction Epifcopale.

Ils donnent Difpenfe des Bans , ils décernent les Monitoires , ils publient les Jubilés , affignent les Stations en fuite des Provifions de Rome ; les *Vifa* s'expédient en leurs noms ; ils prétendent même avoir droit de choifir tels Evêques que bon leur femblera , pour donner les Ordres , fans permiffion de leur Evêque Diocéfain.

Enfin ils donnent les Démiffoires , pour recevoir les Ordres de tel Evêque que bon leur femble.

Telle eft l'Exemtion du Chapitre de Chartres, en vertu de laquelle l'Evêque ne peut faire fon entrée dans l'Eglife , qu'il ne donne acte par lequel il promet de conferver tous les priviléges de l'Eglife, ni faire aucune Vifite , ni du S. Sa-

Tome I.   F   cre-

crement , ni des saintes Huiles.

Ces personnes sont tellement exemtes de la Jurisdiction des Evêques , que lorsqu'un Chanoine vient à délinquer , le Chapitre lui donne des Juges pour lui faire son procès , & s'il y a appel de Jugement , on se pourvoit à Rome pour avoir des Juges *in Partibus* , parce que cette Eglise A D S A N C T A M R O- M A N A M E C C L E S I A M , A D M I S S O N U L L O M E D I O , P E R T I N E T.

Ils publient des Indulgences ; ils ont cent & tant de Paroisses; ils exercent toute la Jurisdiction Diocésaine , & l'Appel de toutes leurs Sentences va à Rome ; ils ordonnent de toutes les Processions Générales.

De cette même nature est saint Martin de Tours.

Quatre sortes de personnes se trouvent principalement exemtes dans l'Eglise ; les Archevêques des Primats ; les Evêques des Archevêques ; les Moines , & les Religieux des Evêques ; & les Chanoines des Evêques , & Archevêques.

Telles Exemtions se trouvent différentes en plusieurs circonstances ; les unes seulement exemtent les personnes,

nes, & les autres exemtent les lieux de leurs demeures, & cela différemment.

Anciennement les Archevêques étoient sujets aux Primats, * ausquels le Pape envoyoit le PALLIUM pour exercer puissance & autorité sur les Métropolitains. Depuis ce tems ceux de France, à la réserve de ceux de Tours, de Sens, & de Paris, ont obtenu ou par Bulle, ou par Prescription, permission de ne rélever pas des Primats.

Quelques Evêques † se sont aussi fait exemter par le Pape de la sujettion de leurs Archevêques.

Les Moines sont presque tous exemts de la Jurisdiction ordinaire, & leur

F 2   droit

(* Depuis 60. ans seulement, l'Archevêque de Rouen a sécoué le joug du Primat de Lyon, & s'est fait Primat de Normandie.)

(† L'Evêque du Puy est exemt de l'Archevêché de Bourges, & plusieurs en Italie le sont aussi ; ils doivent pourtant se trouver aux Conciles Provinciaux que l'Archevêque tient.

Saint Gregoire de Tours exemta un Hôpital, une Eglise & un Monastére de la Jurisdiction de l'Evêque d'Autun, à la Priére de la Reine Brunehaut, & de son petit-fils le Roi Thirry.

Crotbert, Archevêque de Tours, exemta de sa Jurisdiction le Monastére de Saint Martin.)

droit eſt fondé en la propre conceſſion des Evêques , ou en celle des Papes ; leurs Exemtions les plus anciennes , comme ſont celles qui leur ont été accordées il y a ſept à huit cens ans, viennent des Evêques & Archevêques; mais toutes celles qu'ils ont obtenues depuis ce tems , leur ont été accordées par les Papes, à l'une de ces fins, ou pour empêcher que l'abord & la Cour des Evêques ne troublât leur ſolitude, ou pour les garantir de la rigueur de quelquesuns, dont ils étoient,ou préſuppoſoient être traités rudement.

Les derniers qui ſe ſont exemtés de leurs Supérieurs ſont les Chanoines. En leur premiere Inſtitution , ils étoient ſi étroitement liés & unis à leurs Evêques, qu'ils ne pouvoient rien faire ſans leur permiſſion ; & ſe ſouſtraire de leur obéiſſance , ç'eût été le plus grand crime qu'ils euſſent pu commettre en ce temslà.

Pluſieurs ont eſtimé que toutes leurs Exemtions viennent des Antipapes , ou qu'elles ſont manifeſtement ſubreptices , ou ſimplement fondées ſur la poſſeſſion d'un tems immémorial; mais ç'eſt choſe très-certaine , qu'il y en a

quelques-

quelques-unes plus anciennes que les Schifmes, & plus autorifées que celles qui tirent leur force & leur vertu des Antipapes.

Les plus légitimes, en ont accordé quelques-unes, * ou enfuite des concef-fions des Evêques, ou des tranfactions faites avec eux; ou de leur propre mouvement, fous prétexte de garantir les Chanoines des mauvais traitemens qu'ils reçevoient d'eux.

Pour pénétrer cette matiere jufqu'au fond, & diftinguer clairement les bonnes Exemtions des mauvaifes, il faut confidérer différemment les Bulles qui les autorifent.

Autres font celles qui ont été accor-dées par les Papes auparavant le malheur des Schifmes.

Et autres celles qui ont été données dépuis l'extinction des Schifmes.

Celles du premier genre doivent être tenues bonnes & valables; mais telles Bulles étant une Exemtion du droit commun qui eft toujours odieufe, il

F 3   faut

(* Une Lettre d'Aléxandre I I I. donnée au Chapitre de Paris, juftifie que les Papes ont accordé des exemtions.

faut les examiner foigneufement afin de
ne fe tromper pas en leur teneur ; Etant
certain que beaucoup peuvent être
mifes en avant, comme Bulles d'Exemtion , qui font fimples Bulles de protection qui s'obtenoient anciennement, &
Bulles qui accordent quelques priviléges particuliers , mais non pas une
Exemtion de la Jurifdiction ordinaire ,
ou Bulles qui donnent feulement pouvoir aux Chapitres d'exercer une Jurifdiction fubalterne à celle des Evêques,
femblable à celle des Archidiacres, qui
en certaines Eglifes ont droit d'excom-
munier , d'interdire , & ordonner des
pénitences publiques , bien qu'ils foient
toujours foumis à la Jurifdiction des
Evêques.

Quant aux Bulles du fecond genre é-
tant nulles de plein droit , par le défaut
de la puiffance légitime en ceux qui les
ont octroyées , particuliérement par la
Conftitution du Pape Martin V. * laquelle caffe toutes les Bulles obtenues
durant les Schifmes ; on ne peut fans
malice ,

(* Les exemtions de Sens , Paris , Bourges,
Bourdeaux, Limoges, Meaux Auxerre & le Mans,
ont été obtenues des Antipapes.)

malice, ou sans ignorance vouloir s'en prévaloir au préjudice du droit commun.

Celles du troisiéme genre ont été accordées, ou pour servir de nouvelle Exemtion, ou pour en confirmer de précédentes.

Les premieres doivent être réputées nulles, ou parce qu'elles sont directement contraires au Décret dont a parlé Martin V. ou parce qu'elles ont été subreptivement obtenues, ainsi que les Parlemens de Paris & de Toulouse l'ont jugé contre les Chapitres d'Angers, & de Cahors.

Les secondes n'ayant été accordées, que pour confirmer un droit ancien, qui ne se trouve jamais valablement établi, doivent, au jugement de toutes personnes dépouillées de passion, être sans effet.

Il reste à voir si les Exemtions * fondées sur les simples concessions faites par les Evêques, ou aux transactions

F 4   &

(* Les exemtions d'Auxerre, Noyon, Orléans, Beauvais, Châlons, Angers, Poitiers & Lyon sont fondées aux Concessions des Evêques & Transactions passées avec eux.)

& Sentences arbitrales intervenues fur ce fujet contr'eux & leurs Chapitres font bonnes & valables.

S'il n'eft jamais permis aux Evêques d'aliéner leur temporel fans un avantage & un profit manifefte, moins peuvent-ils renoncer à leur autorité fpirituelle, au grand préjudice de l'Eglife, qui voit par ce moyen divifer fes membres de leur Chef, & changer la régle qui la fait fubfifter, en confufion qui la perd & la ruine.

La nullité des tranfactions, des compromis, ou des Sentences arbitrales eft par ce principe, toute évidente : Celui ne peut compromettre ni tranfiger de ce dont la difpofition ne lui eft pas libre ; & s'il fe trouve des Auteurs qui eftiment qu'on peut tranfiger des chofes fpirituelles, tous en exemtent quelques-unes, entre lefquelles la fujettion de cette nature a le premier lieu: En effet ces fortes de titres font invalides au fait dont il s'agit, que quand même ils feroient confirmés par les Papes, ils n'auroient pas affez de force pour priver de leur droit les fucceffeurs des Evêques, qui fe feroient dépouillés de leur Supériorité en l'une des

trois

trois façons fpecifiées ci - deffus.

Comme la raifon fait connoître qu'-
aucune de ces voies ne peut valoir contre le droit commun ; elle fait voir auffi
que les Bulles fimplement confirmati-
ves des fufdites conceffions , tranfactions , ou Sentences arbitrales , ne donnent aucun droit à ceux qui s'en veulent fervir , parce qu'elles ne peuvent
avoir plus de force que les fondemens
qu'elles fuppofent.

Un feul point demeure fujet à examen , fçavoir fi la coutume & l'ancienne poffeffion en laquelle fe trouvent les
Chapitres contre l'autorité de leurs
Evêques , eft un titre affez valable, pour
faire fouffrir à l'Eglife le mal que lui apportent les Exemtions.

* La coutume eft une régle bien trom-
peufe ; les mauvaifes quoique très-an-
ciennes font univerfellement condamnées , & toutes celles qui font contre le
droit commun , & qui renverfent un

F 5   Ordre

(* Cyprianus. *Fruftra quidam qui ratione
vincuntur confuetudinem nobis opponunt , quafi
confuetudo major fit veritate , aut non fuerit in
fpiritualibus fequendum ; fi melius fuerit à Spi-
ritu Sancto revelatum.*)

Ordre établi par des Constitutions Eccléfiaftiques , doivent être tenues pour
telles , & ne peuvent être un jufte fondement de prefcription , beaucoup
moins encore en ce qui eft du Droit Canon , qu'au Civil , vu que les établiffemens de l'Eglife tirent leur origine d'un
principe plus affuré ; & par tout on doit
décider la difficulté propofée en difant,
que la coutume doit fervir de titre en
ce qui peut être poffedé par le droit
commun , mais jamais en ce dont la
poffeffion le viole , auquel cas elle eft
tout-à-fait inutile , fi elle n'eft accompagnée d'un titre fi autentique , qu'il
foit exemt de tout foupçon ; d'où il
réfulte que le droit commun affujet-
tiffant tous les Chanoines à leurs Evêques ; il n'y a point de coutume affez
puiffante pour les exemter de cette fujettion.

Il eft impoffible de s'imaginer les divers maux dont les Exemtions font l'o-
rigine & la caufe. Elles renverfent l'ordre que l'Eglife a établi conformément
à celui de la raifon , qui veut que les
inférieurs foient foumis à leurs Supérieurs. Elles ruinent la concorde qui
doit être entre le Chef & fes Membres,

elles

elles autorifent toutes fortes de violences , & rendent plufieurs crimes impunis , tant en la perfonne des Privilégiés
qu'en celle de beaucoup de libertins ,
qui cherchent le couvert à leur ombre.

On peut pourvoir à ce mal par deux
moyens : ou en aboliffant abfolument
toutes ces Exemtions , ou en fe con-
tentant de les régler.

Je fçai bien que le premier expédient
comme plus abfolu eft plus difficile, mais
puifqu'il n'eft pas impoffible, je ne laiffe pas de le propofer à V. M. qui a toujours pris plaifir à faire ce que fes Prédéceffeurs n'ont ofé tenter.

Je n'eftime pas cependant à propos
d'en ufer ainfi en ce qui eft des Exemtions, dont jouiffent les Réligieux , &
leurs Monafteres. Etant épars en divers
Diocéfes , l'Uniformité de l'efprit qui
les doit régir , requiert qu'au lieu d'être
gouvernés par divers Evêques , dont
les efprits font différens, ils le foient
par un feul Chef régulier , & fur ce
fondement je foutiens hardiment, qu'il
eft auffi néceffaire de les laiffer dans la
poffeffion des légitimes Exemtions
dont ils jouiffent, comme il eft jufte
d'en connoître la validité , par l'exa-

men de leurs Bulles , qu'ils étendent quelquefois plus que la raison ne per-met.

Mais je dis bien plus , qu'on peut abolir les autres Exemtions avec tant de profit pour l'Eglife , que ce motif univerfel eft fuffifant pour faire méprifer les intérêts particuliers en cette occafion.

Il fuffit qu'une chofe foit jufte pour fe porter à l'entreprendre, & l'on y eft abfolument obligé lorfqu'elle eft tout-à-fait néceffaire.

L'Eglife ayant fubfifté jufqu'à préfent fans le changement que je propofe , je ne fuppofe pas qu'il ait cette derniere qualité , mais je dis qu'il feroit extrê-mement utile en ce qu'il ôteroit tout fujet d'excufe aux Evêques s'ils man-quoient à faire leurs Charges.

Pour fe fervir de ce premier moyen , il ne faudroit autre chofe qu'une révocation faite par Sa Sainteté , des Exemtions & Priviléges dont il eft queftion , & un pouvoir aux Evêques d'exercer leur Jurifdiction fur leurs Chapitres,& tous autres Exemts , à l'exception de ceux que j'ai dit ci-deffus.

Une Bulle de cette teneur , accompagnée

gnée d'une Déclaration de V. M. véri-
fiée en ſes Parlemens & en ſon Grand
Conſeil, romproit les chaînes qui lient
les mains aux Prélats de ſon Royaume,
& les rendroit reſponſables des déſordres de leurs Diocéſes, dont il leur eſt
quaſi impoſſible de répondre maintenant.

L'Obtention de cette Bulle, ſeroit à
mon avis, d'autant plus aiſée, qu'elle
eſt conforme aux ouvertures du Concile de Trente, qui déclare nommément
* que les Chapitres & les Chanoines ne
peuvent en vertu de quelque Exemtion,
coutume, poſſeſſion, Sentence, ſer-
ment, & Concordat que ce puiſſe être,
s'empêcher d'être viſités, corrigés, &
châtiés par leurs Evêques, ou autres
perſonnes députées de leur part ; &
quand

(* Seſſ. 14. Ch. de Ref. I. *Capitula Cathe-
dralium & aliarum majorum Eccleſiarum illo-
rum Perſona Exemtionibus, Conſuetudinibus,
Sententiis, Juramentis, Concordatis, fieri ſi
poſſint, quominus à ſuis Epiſcopis, & aliis majo-
ribus Prælatis per ſeipſos ſolos, vel illis quibus ſine
videtur adjunctis, juxta Canonicas ſanctiones,
toties quoties opus fuerit viſitari, corrigi & emen-
dari, etiam authoritate Apoſtolica poſſint & va-
leant.*)

quand même cet Expédient ne seroit pas goûté à Rome, où les nouveautés, bien qu'utiles, sont assez souvent odieuses ; & où la moindre opposition empêche d'ordinaire de grands biens ; V. M. faisant observer en ce sujet le Décret du Concile, n'aura besoin d'aucune nouvelle expédition.

Je sçai bien que ce reméde sera improuvé des Parlemens, dans l'esprit desquels l'usage & la pratique prévalent souvent à quelques raisons qui puissent être apportées ; mais après avoir vu ce bien, & considéré tous les obstacles qui s'y peuvent rencontrer ; je dis hardiment qu'il seroit beaucoup meilleur de passer par-dessus, que de s'arrêter pour quelque opposition qu'on puisse faire ; & V. M. peut se porter au changement, avec d'autant plus de raison, qu'en remettant les choses au droit commun, elle les rétabliroit en leur nature, & qu'il est quelquefois bien séant aux Souverains d'être hardis en certaines occasions, qui ne sont pas seulement justes, mais dont l'importance ne peut être révoquée en doute. *

Les

(* Isiodore. *Sape per Regnum Terrenum, Cœ-*

Les Chanoines tiennent leurs titres si cachés, qu'il eſt impoſſible d'en avoir connoiſſance, ſi ce n'eſt par autorité du Roi; ils en ſuppoſent même ſouvent lorſqu'ils n'en ont point; ce dont Pierre de Blois & Pierre le Vénérable ſe plaignent ouvertement.

Bien que l'utilité de ces deux expédiens, qui ne ſont qu'un en effet, les doive faire approuver; néanmoins la crainte que j'ai que la difficulté qui ſe trouveroit en leur exécution, les rendît inutiles, me fait paſſer au ſecond; qui conſiſte à faire nommer des Commiſſaires, Evêques, Chanoines, & Réligieux, qui joints à des Députés du Conſeil & des Parlemens, ſe faſſent repréſenter toutes les Exemtions, & les Priviléges des Egliſes; afin qu'étant rapportées à V. M. celles qui ſe trouveront bonnes & valables, puiſſent être réglées, & celles qui n'auront point de légitime fondement ſoient retranchées & abolies: Il y a d'autant plus d'ouverture à la pratique de cet expédient, que les Ordonnances

leſte Regnum profecit, ut qui infrà Eccleſiam poſiti contra Fidem & Diſciplinam Eccleſiæ agunt, vigore Principum conterantur.)

Ordonnances d'Orléans , * faites fous François II. ont un Article exprès , pour le réglement des Exemtions.

Si enfuite il plaifoit au Pape de donner pouvoir en chaque Métropole, aux Juges délégués que nous avons propofés ci-deffus , de regler par l'autorité du Saint Siége , ce que les Evêques ne pourront faire par eux-mêmes , à caufe des Exemtions , qui demeureront en leur force & vigueur , & que V. M. commande à fon confeil de prendre connoiffance des différends qui furviendront fur un tel fujet ; Elle remédiera abfolument à tous les maux , dont tels Priviléges font caufe.

Sec-

(* Ordonnance d'Orléans , Article XI. *Tous Chanoines & Chapitres , tant Séculiers que Réguliers , & des Eglifes Cathédrales ou Collegiales , feront indifféremment fujets à l'Archevéque , ou Evèque Diocèfain , fans qu'ils puiffent s'aider d'aucun Privilége d'Exemtion , pour le regard de la Vifitation & Punition des crimes , nonobftant Oppofition ou Appellation quelconque, fans préjudice d'icelles , defquelles nous avons évoqué la connoiffance , & icelle retenue à notre Confeil Privé.*)

SECTION VII.

Qui représente les inconveniens qui arrivent de ce que les Evêques ne pourvoyent pas de plein droit aux Bénéfices qui sont sous eux.

RESTE à parler du mal qui vient de ce que les Evêques ne disposent pas de la plus grande partie des Cures de leurs Diocéses, ausquelles les Patrons Eccléfiastiques ou Laïques ont Droit de préfenter.

Les Eccléfiastiques commencerent à jouir du Droit de Patronage * au Concile d'Orange, où il fut ordonné que les Evêques qui feroient bâtir des Eglifes dans un autre Diocéfe, auroient Droit d'y mettre des Prêtres à leur volonté, pourvu qu'ils fuffent jugés capables par l'Evêque Diocéfain.

(† Le même Droit fut aufli donné par Juftinien aux Laïques qui voudroient

(* L'An 441)
(† Novel. 123. Ch. XVIII. An 541.)

droient fonder des Chapelles , ce qu'ils obtinrent enfuite à l'égard des Monaf- téres mêmes , dont ils fe rendroient Fondateurs.

* Le neuviéme Concile de Toléde , étendit encore le Droit de Patronage Laïque aux Eglifes Paroiffiales , per- mettant aux Fondateurs de nommer les Curés , de peur que la négligence avec laquelle les Evêques fatisferoient à leurs Fondations , ne détournât d'en faire de nouvelles.

Le Droit fe perdoit au commence- ment lorfque les Fondateurs perdoient la vie ; Juftinien , Grégoire & Pellagius l'étendirent à leurs enfans : enfin fous Charlemagne , il paffa aux héritiers, quels qu'ils puffent être , ce qui a con- tinué jufqu'à préfent.

Ce Droit qui eft loué par plufieurs Peres de l'Eglife , ayant été confirmé par divers Conciles , & fpécialement par celui de Trente , doit être confi- déré comme Saint & inviolable , pour fon ancienneté, pour fon autorité, fon- dée fur les Canons des Peres & des

Conciles ,

(* L'Epître de Saint Gregoire à Secundinus , l'an 1598. juftifie ce point.)

Conciles, & pour l'utilité qui en revient à l'Eglise, en faveur de laquelle on fait beaucoup de Fondations, pour s'acquerir par ce moyen le pouvoir de nommer ceux qui en doivent jouir.

Mais quand je me remets devant les yeux que la nécessité n'a point de Loi, & que l'usage d'un Privilége, qui a été bon dans la ferveur des Fondateurs, est maintenant si préjudiciable par la corruption de ceux qui sont héritiers de leurs biens, & ne le sont ni de leur zéle ni de leur vertu, ni quelquefois même de leur Religion, qu'il est impossible de le continuer sans exposer beaucoup d'ames à leur perte : j'ose dire hardiment qu'on ne peut s'exemter de remédier à un désordre de telle conséquence, sans en être responsable devant Dieu.

Beaucoup penseront que le meilleur reméde de ce mal, est d'en abolir entiérement la cause, mais lorsque je considére que ce qui est légué à Titre onéreux, c'est-à-dire, par le transport de son propre bien, ne peut être possedé avec Justice, qu'en accomplissant les conditions ausquelles il a été donné, & que les Peres du Concile de Trente,

qui

qui en connoiſſoient les abus , n'ont oſé penſer à le changer , je me trouve arrêté , & je ne crois pas qu'un particulier puiſſe ſans témérité propoſer un tel reméde , il vaut mieux avoir recours à un moyen plus doux , aucunement propoſé par le Concile de Trente , * bien qu'il ne l'ait pas propoſé autrement.

Ce moyen eſt , † que le Synode éliſe des Examinateurs , par leſquels tous les aſpirans aux Bénéfices chargés d'ames , ſoient ſoigneuſement examinés , afin que leur capacité & leur probité étant connues , ils puiſſent enſuite en propoſer deux ou trois des plus capables aux Patrons de Cures qui vaqueront , à ce qu'ils choiſiſſent & préſentent à l'Evêque , celui qui leur ſera le plus agréable.

Je ſçai que cet expédient ôte un peu de la liberté qu'ont aujourd'hui les Patrons en France , mais puiſqu'en la leur reſtreignant , il la leur laiſſe toutefois, & qu'il ôte le moyen de mettre des perſonnes incapables dans les Cures , il

(* Seſſ. 2. Ch. 18. de Reff.)
(† Idem Seſſ. 24. du même Chap.

il doit être reçu, & ce, d'autant plus volontiers, à mon avis, qu'en remédiant au mal qui arrive, des préfentations aux Cures, fi l'Ordre du Concile eft obfervé, il remédiera à ceux qui font caufés par la facilité avec laquelle les Archevêques pourvoyent fouvent les Prêtres, que leurs Suffragans ont refufés, en ce que, comme le Concile veut que les Examinateurs qu'il propofe pour être Juges de la capacité de ceux qui doivent être nommés aux Cures, foient obligés de rendre compte de leurs actions aux Conciles Provinciaux; auffi ne veut-il pas que les Archevêques paffent par deffus leur Jugement, fans un fujet fi légitime, qu'il ne puiffe être revoqué en doute.

SECTION. VII.

De la réformation des Monaftéres.

APRE's de fi juftes Réglemens, que ceux qui font apportés ci-deffus, il eft de la piété de V. M. d'autorifer, autant qu'Elle pourra, la réforme des Religions.   Je

Je fçai bien que beaucoup de confidérations donnent lieu de craindre
que celles qui fe font faites de notre
tems ne foient pas fi auftéres en leur
progrès qu'en leur commencement ;
mais il ne faut pas laiffer d'y tenir la
main , & de les favorifer , vu que le
bien ne change pas de nature pour être
de peu de durée, mais qu'il eft toujours
bien, & que celui qui fait ce qu'il peut
avec prudence , pour une bonne fin ,
fait ce qu'il doit , & fatisfait à ce que
Dieu demande de fes foins.

Il eft bien vrai que j'ai toujours penfé , ainfi que je l'eftime encore à préfent , qu'il vaudroit mieux établir des
réformes modérées , dans l'obfervation
defquelles les corps & les efprits puffent fubfifter aucunement à leur aife ,
que d'en entreprendre de fi auftéres ,
que les plus forts efprits , & les corps
les plus robuftes ayent de la peine à en
fupporter la rigueur : les chofes tempé-
rées font d'ordinaire ftables , & per-
manentes, mais il faut une grace extraordinaire pour faire fubfifter ce qui
femble forcer la nature.

Il eft encore à remarquer que les réformes des Religions de ce Royaume ,
doivent

doivent être différentes de celles des autres Etats, lesquels étant exemts d'héréfie, requiérent plutôt une profonde humilité, & une fimplicité exemplaire aux Religieux, que la doctrine tout-à-fait néceffaire en ce Royaume, auquel l'ignorance des plus vertueux Religieux du monde, peut être auffi préjudiciable à quelques ames qui ont befoin de leur érudition, comme leur zéle & leur vertu font utiles à d'autres, & à eux-mêmes.

Je dois dire en paffant fur ce fujet, qu'en ce qui concerne particuliérement la réformation des Monaftéres des filles, c'eft un expédient qui n'eft pas toujours infaillible, de remettre les Elections, & particuliérement les Triennales, au lieu de la Nomination du Roi.

Les Brigues & les Factions qui prennent pied dans la foibleffe de ce Sexe, font fi grandes quelquefois, qu'elles ne font pas fupportables; & j'ai vu par deux fois V. M. être contrainte de l'ôter des lieux où elle l'avoit mife, pour remettre les chofes en leur premier état.

Comme il eft de la piété de V. M. de travailler au Réglement des anciennes

nes Religions ; il eſt de ſa prudence d'arrêter le trop grand nombre de nouveaux Monaſteres qui s'établiſſent tous les jours.

Il faut en ce faiſant mépriſer l'opinion de certains eſprits , auſſi foibles que dévots , & plus zélés que prudens , qui eſtiment ſouvent que le ſalut des ames & celui de l'Etat , dépendent de qui eſt préjudiciable à tous les deux.

Ainſi qu'il faudroit être , ou méchant ou aveugle , pour ne voir & n'avouer pas que les Religions ſont nonſeulement utiles , mais même néceſſaires ; auſſi faut-il être prévenu d'un zéle trop indiſcret , pour ne connoître pas que l'excès en eſt incommode , & qu'il pourroit venir à un tel point, qu'il ſeroit ruineux.

Ce qui ſe fait pour l'Etat , ſe faiſant pour Dieu , qui en eſt la baze & le fondement ; réformer les maiſons déja établies , & arrêter l'excès des nouveaux établiſſemens , ſont deux œuvres agréables à Dieu , qui veut la régle en toutes choſes.

Sec-

SECTION IX.

De l'obéïssance qu'on doit rendre au Pape.

L'ORDRE que Dieu veut être observé en toutes chofes, me donne lieu de repréfenter ici à V. M. qu'ainfi que les Princes font obligés à reconnoître l'autorité de l'Eglife, à fe foumettre à fes Saints Décrets, & y rendre une entiere obéïffance, en ce qui concerne la Puiffance Spirituelle que Dieu lui a mife en main pour le falut des hommes, & qu'ainfi qu'il eft de leur devoir de maintenir l'honneur des Papes, comme Succeffeurs de Saint Pierre, & Vicaires de Jefus-Chrift ; auffi ne doivent-ils pas céder à leurs entreprifes, s'ils viennent à étendre leur Puiffance au-delà de fes limites.

Si les Rois font obligés de refpecter la Thiare des Souverains Pontifes, ils le font auffi de conferver la Puiffance de leur Couronne.

Cette vérité eft reconnue de tous les Théologiens, mais il n'y a pas peu de

Tome I. G dif-

difficulté de bien distinguer l'étendue & la subordination de ces deux Puissances.

En telle matiere il ne faut croire ni les Gens du Palais , qui mesurent d'ordinaire celle du Roi , par la forme de sa Couronne , qui étant ronde , n'a point de fin; ni ceux qui par l'excès d'un zéle indiscret , se rendent ouvertement Partisans de Rome.

La raison veut qu'on entende , & les uns & les autres , pour résoudre ensuite la difficulté par des personnes si Doctes , qu'elles ne puissent se tromper par ignorance ; & si sinceres, que ni les intérêts de l'Etat , ni ceux de Rome , ne les puissent emporter contre la raison.

Je puis dire avec vérité avoir toujours trouvé & les Docteurs de la Faculté de Paris , & les plus Sçavans Religieux de tous les Ordres si raisonnables en ce sujet , que je ne leur ai jamais vu aucune foiblesse qui les eût empêché de vouloir défendre les justes droits de ce Royaume; aussi n'ai-je jamais remarqué en eux aucun excès d'affection pour leur Pays natal , qui les pût porter à vouloir , contre les vrais

sentimens

de la Religion, diminuer ceux de l'E-
glife pour augmenter les autres.

En telles occafions, l'opinion de nos
Peres doit être de grand poids, les Hif-
toriens & les plus célébres Auteurs,
dépouillés de paffion, qui ont écrit en
chaque fiécle, doivent être confultés
foigneufement en ces rencontres, aufquelles rien ne nous peut être fi contraire que la foibleffe ou l'ignorance.

SECTION X.

Qui met en avant l'état qu'on doit faire
des Lettres, & montre comme elles doi-
vent être enfeignées dans ce Royaume.

L'IGNORANCE que je viens de repréfenter être quelquefois préjudiciable à l'Etat, me donne lieu de parler
des Lettres, l'un des plus grands ornemens des Etats; & je le dois faire en cet
endroit, puifque leur Empire eft juftement dû à l'Eglife; entant que toute
forte de vérités ont un naturel rapport
à la premiere, des Sacrés Myftéres, de
laquelle la fapience éternelle a voulu

G 2

que

que l'Ordre Ecclésiastique fût le dépositaire.

Comme la connoissance des Lettres est tout-à-fait nécessaire en une République, il est certain qu'elles ne doivent pas être indifféremment enseignées à tout le monde.

Ainsi qu'un corps qui auroit des yeux en toutes ses parties, seroit monstrueux; de même un Etat le seroit-il, si tous ses sujets étoient sçavans, on y verroit aussi peu d'obéissance, que l'orgueil & la présomption y seroient ordinaires.

Le commerce des Lettres banniroit absolument celui de la marchandise, qui comble les Etats de richesses; ruineroit l'Agriculture, vrai mere nourice des peuples, & déserteroit en peu de tems la pépiniere des Soldats, qui s'élevent plutôt dans la rudesse de l'ignorance, que dans la politesse des sciences: enfin il rempliroit la France de chicaneurs, plus propres à ruiner les familles particulieres, & à troubler le repos public, qu'à procurer aucun bien aux Etats.

Si les Lettres étoient profanées à toutes sortes d'esprits, on verroit plus

de

de gens capables de former des doutes, que de les réfoudre ; & beaucoup feroient plus propres à s'oppofer aux vérités qu'à les défendre.

C'eft en cette confidération que les politiques veulent en un Etat bien réglé, plus de Maîtres ès Arts-Mécaniques, que de Maîtres ès Arts-Libéraux pour enfeigner les Lettres.

J'ai fouvent vu, pour la même raifon, le Cardinal du Perron fouhaiter ardemment la fuppreffion d'une partie des Colléges de ce Royaume ; il defiroit en faire établir quatre ou cinq célébres dans Paris, & deux dans chaque Ville Métropolitaine des Provinces.

Il ajoutoit à toutes les confidérations que j'ai rapportées, qu'il étoit impoffible qn'on pût trouver en chaque fiécle affez de gens Sçavans, pour fournir une grande multitude de Colléges ; au lieu que fi on fe contentoit d'en avoir un nombre modéré, on les pourroit remplir de dignes fujets, qui conferveroient le feu du temple en fa pureté, & qui tranfmettroient par fucceffion non interrompue, les fciences en leur perfection.

Il me femble en effet, lorfque je

considére le grand nombre de gens qui font profession d'enseigner les Lettres, & la multitude des enfans qu'on fait instruire, que je vois un nombre infini de malades, qui n'ayant autre but que de boire de l'eau pure & claire, pour leur guérison, sont pressés d'une soif si déréglée, que recevant indifféremment toutes celles qui leur sont présentées, la plus grande partie en boit d'impure, & souvent en des Vaisseaux empoisonnés, ce qui augmente leur soif & leur mal, au lieu de soulager l'un & l'autre.

Enfin de ce grand nombre de Collé-ges, indifféremment établis en tous lieux, il arrive deux maux, l'un que je viens de représenter par la médiocre capacité de ceux qu'on oblige à enseigner, ne pouvant trouver assez de sujets éminens pour remplir les chaires ; l'autre par le peu de disposition naturelle qu'ont aux Lettres beaucoup de ceux que leurs parens font étudier, à cause de la commodité qu'ils en trouvent, sans que la portée de leurs esprits soit examinée, d'où vient que presque tous ceux qui étudient demeurent avec une médiocre teinture des Lettres ; les uns pour n'être pas capa-

bles,

bles de plus, les autres pour être mal inſtruits.

Quoique ce mal ſoit de grande conſéquence, le reméde en eſt aiſé, puiſqu'il ne faut autre choſe que réduire tous les Colléges des Villes qui ne ſont pas Métropolitaines, à deux ou trois Claſſes ſuffiſantes pour tirer la jeuneſſe d'une ignorance groſſiere, nuiſible à ceux mêmes qui deſtinent leur vie aux armes, ou qui la veulent employer au trafic.

Par ce moyen, auparavant que des enfans ſoient déterminés à aucune condition, deux ou trois ans feront connoître la portée de leurs eſprits; enſuite de quoi les bons qui ſeront envoyés aux grandes Villes, réuſſiront d'autant mieux, qu'ils auront le génie plus propre aux Lettres, & qu'ils ſeront inſtruits de meilleure main.

Ayant ainſi pourvu à ce mal, beaucoup plus grand qu'il ne ſemble, il faut encore ſe garantir d'un autre, auquel la France tomberoit indubitablement, ſi tous les Colléges qui ſont établis étoient en une même main.

Les Univerſités prétendent qu'on leur fait un tort extrême, de ne leur laiſſer

G 4　　　pas

pas privativement à tous autres la faculté d'enseigner la jeuneſſe.

Les Jéſuites d'autre part ne ſeroient peut-être pas fâchés d'être ſeuls employés à cette fonction.

La raiſon qui doit décider de toutes ſortes de différends, ne permet pas de fruſtrer un ancien Poſſeſſeur de ce qu'il poſſéde avec Titre ; & l'intérêt public ne peut ſouffrir qu'une Compagnie, non ſeulement recommandable pour ſa piété, mais célébre par ſa Doctrine, comme eſt celle de Jéſuites, ſoit privée d'une fonction dont elle peut s'acquitter avec grande utilité pour le public.

Si les Univerſités enſeignoient ſeules, il ſeroit à craindre qu'elles revinſſent, avec le tems, à l'ancien orgueil qu'elles ont eu autrefois, qui pourroit être à l'avenir auſſi préjudiciable qu'il a été par le paſſé.

Si d'autre part les Jéſuites n'avoient point de compagnons en l'inſtruction de la jeuneſſe, outre qu'on pourroit appréhender le même inconvenient, on auroit de plus juſte ſujet d'en craindre pluſieurs autres.

Une Compagnie qui ſe gouverne plus
qu'au-

qu'aucune n'a jamais fait par les Loix de la prudence, & qui se donnant à Dieu sans se priver de la connoissance des choses du monde, vit dans une si parfaite correspondance, qu'il semble qu'un même esprit anime tout son corps : une Compagnie qui est soumise par un vœu d'obéissance aveugle à un chef perpétuel, ne peut suivant les Loix d'une bonne politique, être beaucoup autorisée dans un Etat, auquel une Communauté puissante doit être redoutable.

S'il est vrai, comme c'est une chose certaine, qu'on se plaît naturellement à avancer ceux dont on a reçu les premieres instructions, & que les parens ont toujours une particuliere affection pour ceux qui ont rendu ces Offices à leurs enfans ; il est vrai qu'on ne sçauroit commettre l'entiere éducation des jeunes gens aux Jésuites, sans s'expo-ser à leur donnner une puissance d'au-tant plus suspecte aux Etats, que tou-tes les Charges & les Grades qui en donnent le maniément, seroient enfin remplies de leurs disciples, & que ceux qui de bonne heure ont pris un as-cendant sur des esprits, le retinssent quelquefois toute leur vie.

Si l'on ajoute que l'administration du Sacrement de Pénitence, donne à cette Compagnie une seconde autorité sur toutes sortes de personnes, qui n'est pas de moindre poids que la premiere ; si l'on considére que par ces deux voies, ils pénétrent les plus secrets mouvemens des cœurs & des familles, il sera impossible de ne conclure pas qu'ils ne doivent pas être seuls au ministére dont il est question.

Ces raisons ont été si puissantes en tous Etats, que nous n'en voyons aucun qui ait voulu jusqu'à present laisser l'Empire des Lettres, & l'entiere instruction de leur jeunesse à cette Compagnie seule.

Si cette Société, bonne & simple en elle-même, donna tant de jalousie à l'Archiduc Albert, Prince des plus pieux de la Maison d'Autriche, qui n'agissoit que par les mouvemens du Conseil d'Espagne, qu'il ne craignit point de l'exclure de certaines Universités, où elle étoit déja établie dans la Flandre, & de s'opposer aux nouveaux établissemens qu'elle vouloit faire dans le Pays de Flandre.

Si

Si elle a donné lieu à certaines Républiques de l'éloigner tout-à-fait de leur domination , quoiqu'avec trop de rigueur, c'eſt le moins qu'on puiſſe faire en ce Royaume , de lui donner quelque retenue , vu qu'elle eſt non-ſeulement ſoumiſe à un chef perpétuel & étranger, mais qui de plus eſt ſujette & toujours dépendante de Princes , qui ſemblent n'avoir rien en plus grande recommandation, que l'abaiſſement & la ruine de cette Couronne.

Ainſi qu'en matiere de foi tous les Etats Catholiques du monde , n'ont qu'une Doctrine ,en ce qui ne la concerne pas il y en a beaucoup de différentes , dont ſouvent leurs maximes fondamentales tirent leur origine; ce qui fait qu'ayant beſoin de Théologiens , qui puiſſent en certaines occaſions défendre courageuſement les opinions, qui de tout tems y ont été reçues, & qui s'y ſont conſervées par une tranſmiſſion non interrompue; il leur en faut qui ſoient détachés de toute puiſſance ſuſpecte, & qui n'ayent point de dépendance qui les prive de liberté aux choſes , auſquelles la foi l'a laiſſée à tout le monde.

 L'hiſ-

L'hiſtoire nous apprend que l'Ordre de Saint Benoît avoit été autrefois ſi abſolument Maître des Ecoles , qu'on n'enſeignoit en aucun autre lieu , & qu'il déchut ſi abſolument des ſciences & de la piété tout enſemble au X. ſiécle de l'Egliſe , qui fut appellé malheureux en cette conſidération. Elle nous enſeigne encore que les Dominicains ont eu enſuite le même avantage que ces bons Peres avoient poſſédé les premiers, & que le tems les en a privés comme les autres, au grand préjudice de l'Egliſe , qui ſe trouva alors infecteé de beaucoup d'héréſies ; elle nous apprend par même moyen , qu'il eſt des Lettres comme des oiſeaux de paſſage , qui ne demeurent pas toujours au même Pays. Et partant la prudence politique veut qu'on tâche de prévenir cet inconvenient , qui étant arrrivé deux fois, doit par raiſon être appréhendé une troiſiéme, & qui apparemment n'arrivera pas, ſi cette Compagnie a des compagnons en la poſſeſſion des Lettres.

Tout Parti eſt dangereux en matiere de Doctrine , & il n'y a rien de ſi aiſé que d'en former un ſous prétexte de piété , lorſqu'une Compagnie penſe y être

être obligée par l'intérêt de sa subsistance.

L'Histoire du Pape Benoît Onziéme,
contre lequel les Cordeliers, piqués sur
le sujet de la perfection de la pauvreté ; sçavoir, du revenu de Saint François, s'animérent jusqu'à tel point,
que non-seulement ils lui firent ouvertement la guerre par leurs Livres, mais
de plus, par les armes de l'Empereur, à
l'ombre desquelles un Antipape s'éleva
au grand préjudice de l'Eglise, est un
exemple trop puissant pour qu'il soit
besoin d'en dire davantage.

Plus une Compagnie est adhérente
à son chef, plus elle est à craindre, particuliérement à ceux ausquels il n'est
pas favorable.

Puis donc que la prudence n'oblige
pas seulement à empêcher qu'on nuise
à l'Etat, mais aussi qu'on lui puisse nuire, parce que souvent en avoir le pouvoir, en fait naître la volonté.

Puisque aussi la foiblesse de notre
condition humaine requiert un contrepoids en toutes choses, & que c'est le
fondement de la Justice : il est plus raisonnable que les Universités & les Jésuites enseignent à l'envi, afin que l'é-

mulation

mulation aiguife leur vertu , & que les fciences foient d'autant plus affurées dans l'Etat , qu'étant dépofées entre les mains de leurs Gardiens, fi les uns viennent à perdre un fi facré dépôt , il fe trouve chez les autres.

SECTION XI.

Moyens de régler les Abus qui fe commettent par les Gradués en l'obtention des Bénéfices.

PARCE qu'ainfi qu'il eft à craindre que toutes fortes d'efprits fe portent aux Lettres , il eft à defirer que les bons y foient attirés. V. M. ne fçauroit faire une chofe plus utile pour cette fin, que d'empêcher les abus qui fe commettent en la diftribution des Bénéfices, qui doit être faite à ceux aufquels ils font dûs pour la récompenfe de leurs travaux.

Il faudroit être ennemi des Lettres & de la Vertu pour révoquer ce Droit en doute. Le Concile de Bafle * & le
Con-

(* *Seff.* 31. Le Concile de Bafle ordonna que

Concordat qui fut passé ensuite au Concile de Latran, entre Leon dixiéme & François premier, l'établissent trop clairement pour avoir cette pensée, mais il faudroit être fort contraire à la Justice & à la raison, pour n'en vouloir pas corriger les abus, si grands par les permutations frauduleuses, par les résignations supposées, par l'artifice des Collateurs, & par l'autorité des Indultaires, plus puissans que les Gradués, & par l'industrie de ceux qui ne doivent leur Grade qu'à leur bourse, que tant s'en faut que ce Privilége soit maintenant le prix de la vertu, qu'il est seulement de l'artifice & de la fripponnerie de ceux qui étant ignorans aux Lettres, sont doctes & sçavans en la chicane.

Le vrai reméde de ce mal consiste à faire

la troisiéme partie des Bénéfices seroient conférés aux Maîtres ès Arts, Bacheliers, Licentiés & Docteurs de Médecine, Droit & Théologie, lesquels auroient étudié un certain tems dans une Université Privilégiée.

Par le Concordat qui se fit depuis au Concile de Latran entre Leon X. & François I. Il fut arrêté que les Gradués jouiroient des Bénéfices vaquans la troisiéme partie de l'année, à sçavoir aux mois de Janvier, Avril, Juillet & Octobre.

faire que conformément aux Ss. Canons les Docteurs, & Licentiés en Théologie soient préférés à tous ceux qui auront même Grade en d'autres Facultés.

Qu'entre les Théologiens égaux en Grade, ceux qui auront long-tems prêché la Parole de Dieu ou la Théologie, soient pourvus devant les autres.

Que les Docteurs & les Licentiés en Droit aient le même avantage sur les simples Maîtres ès-Arts, & qu'entre ces derniers, on préfere ceux qui auront régenté long-tems.

Qu'aucun ne puisse recevoir ses Lettres de Maîtrise ès-Arts, ni ses degrés en Droit Civil & Canon, qu'aux Universités où il aura étudié.

Qu'on ne donne des Lettres de Maîtrise qu'à ceux qui auront actuellement fait leur Cours entier en Philosophie; ni aucun degré en Droit Civil & Canon, qu'à ceux qui auront étudié trois ans entiers aux Écoles de Droit, & qui auront fait publiquement leurs Actes avec les intervalles de tems requis.

Si on observe soigneusement cet ordre, on verra assurément le mérite des Lettres avoir prix; & l'ignorance ne pourra plus se couvrir de leur manteau,

pour

pour à son abri, recevoir ce qui n'est pas dû à elle.

Si ensuite V. M. délivre ceux qui se feront rendus célébres aux Lettres, de la persécution des Indultaires ; Elle fera que beaucoup redoubleront leurs travaux pour en recevoir le fruit qu'ils méritent.

SECTION XII.

Du Droit d'Indult.

LE Droit d'Indult tirant son origine & sa force d'une Bulle du Pape Eugéne, * qui ne se trouve point, qui le voudroit examiner à la rigueur, trouveroit que le fondement n'en est pas solide ; puisque la raison veut qu'on mette les choses qu'on ne peut vérifier, & celles qui ne sont pas, en pareille categorie.

Je sçai bien que Paul troisiéme voulant obliger les Présidens & Conseillers
du

(* Bulle du Pape Eugéne accordée au Roi Charles VIII.)

du Parlement de Paris, † qui s'oppo-
foient à la vérification des Concordats,
leur donna pouvoir de nommer aux Bénéfices tant réguliers, que féculiers. Je fçai
encore bien que le Chancelier de France,
comme chef de cette compagnie, reçut
pareil Privilége par la même Bulle. Mais
fi l'on confidére que cette Bulle affecte
de tirer fa vertu de celle de fon Prédé-
cefleur qui ne fe trouve pas ; cette confidération n'aura point de force, puifque les Jurifconfultes enfeignent clairement, qu'un raport ne peut faire foi,
fi la chofe raportée n'eft claire & évidente. *

Moins le fondement de ce Privilége
eft certain, plus les abus qui s'y commettent font infuportables.

Bien que ce droit foit perfonnel; c'eft-
à-dire, qu'il n'ait été accordé qu'à la
perfonne des Officiers fpécifiés par la
Bulle du Pape Paul II. il paffe maintenant à la veuve & aux héritiers comme
un héritage temporel ; & encore que
cette

(† La Bulle fût envoyée au Roi François I.
en 1538.)

(* *Non creditur referenti, nifi conftet de re-
lato.*)

cette grace ne leur ait été faite , qu'à ce qu'ils puissent gratifier légitimement ou leurs enfans , ou quelques-uns de leurs parens , ou de leurs amis , capables des Bénéfices ausquels ils seroient nommés, ils contraignent souvent , contre les loix Divines & Humaines , ceux qui obtiennent des Bénéfices en vertu de leurs Indults , de les résigner à qui bon leur semble , abusant jusqu'à tel point de ce Privilége, que souvent ceux qui ne veulent pas être confidens , ne peuvent éviter ce crime que par un autre , qui les rend coupables de Simonie devant Dieu.

La foiblesse du fondement de cette grace , & la quantité * d'abus qui s'y commettent, pourroient donner légitime lieu à V. M. de l'abolir , ce qui seroit d'autant plus aisé, qu'il ne faudroit autre chose à cette fin , que refuser à l'avenir aux Indultaires leurs Lettres de nomination , sans lesquelles ils ne peuvent prétendre aucuns Bénéfices ; mais l'expérience nous faisant connoître qu'un mal accoutumé est souvent plus supportable,

(* Augustinus , *ipsa mutatio consuetudinis etiam qua adjuvant utilitate novitas perturbat.*)

portable, qu'un bien dont la nouveauté eſt fâcheuſe, V. M. doit ſe contenter de faire un ſi bon réglement, que ceux qui doivent jouir de cette grace n'en puiſſent abuſer à l'avenir comme ils ont fait par le paſſé.

Si Elle empêche qu'un même Officier puiſſe avoir ſa nomination ſur pluſieurs Bénéfices ; Si Elle fait que ceux qu'il préſentera pour être nommés, ne le puiſſent être qu'après un bon examen fait par les Ordonnances, ſans faveur.

Si Elle ordonne que les Lettres de leur nomination porteront en termes exprès. Que les Bénéfices auſquels ils ſont nommés, ſeront réellement pour eux, qu'ils ne pourront être contraints de les réſigner à qui que ce puiſſe être, & que s'il eſt découvert qu'ils prêtent leurs noms comme confidentaires ; outre qu'ils feront pour un tel crime à jamais incapables de Bénéfices, ils pourront être châtiés.

Si enſuite Elle défend que ce droit, qui n'eſt que perſonnel, ſoit tranſmis aux héritiers, l'obſervation d'un tel réglement fera que Vos Officiers n'étant point privés de la grace, que Vos Prédéceſſeurs leur ont fait obtenir ; les
gens

gens de Lettres recevront un grand avantage fous Votre Régne, & feront délivrés d'une grande vexation qu'ils reçoivent d'eux.

On pourroit encore ne permettre pas aux Officiers qui auront nommé un homme à un Indult, d'en fubftituer un autre en fa place, s'il vient à mourir avant d'être rempli.

CHAPITRE III.

DE LA NOBLESSE.

SECTION I.

Divers moyens d'avantager la Noblefse ; & la faire fubfifter avec dignité.

APrès avoir repréfenté ce que j'eftime abfolument néceffaire pour le rétabliffement du premier Ordre de Votre Royaume, je paffe au fecond, & dis qu'il faut confidérer la Nobleffe comme un des principaux nerfs de l'Etat, capable de contribuer beaucoup à fa confervation, & à fon établiffement,

Elle

Elle a été depuis quelque tems ſi rabaiſ-
ſée , par le grand nombre des Officiers
que le malheur du ſiécle a élevés à ſon
préjudice , qu'elle a grand beſoin d'ê-
tre ſoutenue contre les entrepriſes de
telles gens. L'opulence & l'orgueil des
uns accablent la néceſſité des autres ,
qui ne ſont riches qu'en courage, ce qui
les porte à employer librement leur vie
pour l'Etat , dont les Officiers tirent
la ſubſtance.

Comme il les faut ſoutenir contre
ceux qui les oppriment , il faut avoir un
ſoin particulier d'empêcher qu'ils ne
traitent ceux qui ſont au-deſſous d'eux,
comme ils ſont traités des autres.

C'eſt un défaut aſſez ordinaire à ceux
qui ſont nés dans cet ordre , d'uſer de
violence contre le Peuple , à qui Dieu
ſemble plutôt avoir donné des bras pour
gagner ſa vie , que pour la défendre.

Il eſt très-important d'arrêter le cours
de tels déſordres par une ſévérité continue , qui faſſe que les foibles de Vos
Sujets , bien que déſarmés , ayent à
l'ombre de Vos Loix autant de ſûreté ,
que ceux qui ont les armes à la main.

La Nobleſſe ayant témoigné en la
Guerre , heureuſement terminée par la
Paix

Paix, qu'elle étoit héritiére de la vertu de ses Ancêtres, ce qui donna lieu à César de la prèférer à toute autre ; il est besoin de la discipliner, en sorte qu'elle puisse acquérir de nouveau & conserver sa premiere réputation, & que l'Etat soit utilement servi.

Ceux qui étant préjudiciables au public ne lui sont pas utiles ; il est certain que la Noblesse qui ne lui sert point à la Guerre, n'est pas seulement inutile, mais à charge à l'Etat, qui peut en ce cas être comparé au corps qui supporte le bras paralitique, comme un faix qui le charge, au lieu de le soulager.

Comme les Gentilshommes méritent d'être bien traités lorsqu'ils font bien, il faut leur être sévere, s'ils manquent à ce à quoi leur Naissance les oblige; Et je ne fais aucune difficulté de dire, que ceux qui dégénérant de la vertu de leurs Ayeuls, manquent de servir la Couronne de leurs épées & de leurs vies, avec la constance & la fermeté que les Loix de l'Etat requiérent, mériteront d'être privés des avantages de leur Naissance, & réduits à porter une partie du faix du Peuple.

L'honneur

L'honneur leur devant être plus cher que la vie , il vaudroit beaucoup mieux les châtier par la privation de l'un que de l'autre.

Oter la vie à des personnes qui l'exposent tous les jours pour une pure imagination d'honneur, est beaucoup moins que leur ôter l'honneur & leur laisser la vie , qui leur est en cet état un supplice perpétuel.

S'il ne faut rien oublier pour maintenir la Noblesse en la vraie vertu de ses Peres, on ne doit aussi rien omettre pour la conserver en la possession des biens qu'ils lui ont laissés , & procurer qu'elle en puisse acquérir de nouveaux.

Ainsi qu'il est impossible de trouver un reméde à tous maux; aussi est-il très-difficile de mettre en avant un expédient général aux fins que je me propose.

Les divers Mariages qui se font en ce Royaume en chaque famille , au lieu qu'aux autres Etats , il n'y a souvent que l'aîné qui se marie ; font une des vraies causes que les maisons les plus puissantes se ruinent en peu de tems. Mais si cette coutume appauvrit les familles particulieres , elle enrichit tellement l'Etat , dont la force consiste en la multitude de gens de main, qu'au lieu de s'en plaindre, il s'en faut louer, & au lieu de la changer, tâcher seulement de donner moyen à ceux qu'elle met au monde, de subsister dans la pureté du cœur qu'ils tirent de leur Naissance.

Il faut à ce moyen distinguer la Noblesse qui est à la Cour, d'avec celle qui est à la campagne.

Celle qui est à la Cour sera beaucoup soulagée, si on retranche le luxe & les insupportables dépenses qui s'y sont introduites peu à peu, étant certain qu'un tel Réglement leur sera aussi utile que toutes les pensions qu'on leur donne.

Quant à celle de la campagne, bien qu'elle ne reçoive pas tant de soulagement d'un tel ordre, parce que sa misere ne lui permet pas de faire des dépenses superflues, elle ne laissera pas de ressentir l'effet de ce reméde si nécessaire à tout l'Etat, qu'il ne peut sans lui éviter sa ruine.

Si V. M. ajoute au réglement qu'il lui plaira d'apporter à ce désordre, l'établissement de cinquante Compagnies de Gendarmes, & de pareil nombre de Chevaux-Légers, payés dans les Pro-

vinces , aux conditions qui feront ci-
après fpécifiées , Elle ne donnera pas
peu de moyen de fubfifter à la Nobleffe,
qui s'y trouvera la moins aifée.

Si enfuite Elle fupprime la vénalité
des Gouvernemens du Royaume, & de
toutes les Charges Militaires , que cet
Ordre paye affez par le prix de fon fang.

Si Elle pratique le même ordre en ce
qui concerne les Charges de fa Maifon;
fi Elle fait , qu'au lieu que maintenant
toutes fortes de gens y font reçus par le
fale trafic de leur bourfe , l'entrée en
foit fermée à l'avenir à ceux qui n'auront pas le bonheur d'être d'une Naiffance Noble ; Si même elle n'eft plus
ouverte à ceux qui auront cet avantage
que par le choix que V. M. fera d'eux,
en confidération de leur mérite , toute
la Nobleffe recevra utilité & honneur
tout enfemble d'un fi bon réglement.

Au lieu que maintenant les Gentilshommes ne peuvent s'élever aux Charges & Dignités, qu'au prix de leur ruine , leur fidélité fera d'autant plus affurée à l'avenir , que plus ils feront gratifiés , moins ils fe croiront redevables
des honneurs qu'ils auront , à leurs
bourfes , & à celles de leurs créanciers,

qui

qui ne les font jamais souvenir de ce qu'ils leur doivent, qu'ils n'ayent quelque déplaisir d'être élevés par cette voie.

Si de plus, votre bonté s'étend jusqu'à vouloir être soigneux de gratifier leurs enfans (qui se trouveront avoir la Piété requise) d'une partie des Bénéfices, qui sont en Votre Collation , cet Ordre Vous sera d'autant plus obligé, que les déchargeant d'une partie du faix qui les accable, vous leur donnerez le vrai moyen de maintenir leurs maisons, puisque le soutien & la conservation des meilleures, dépend souvent de ceux qui épousant la condition Ecclésiastique, considérent volontiers leurs neveux comme leurs enfans, & n'ont point de plus grand contentement que d'en faire élever quelques - uns aux Lettres & à la vertu , pour pouvoir, s'ils s'en rendent capables , être pourvus de quelquesuns des ceux qu'ils possédent.

On pourroit mettre en avant beaucoup d'autres choses pour le soulagement de la Noblesse ; mais j'en supprime toutes les pensées , après avoir considéré qu'ainsi qu'il seroit fort aisé de les écrire , il seroit fort difficile, & peut-être impossible de les pratiquer.

H 2   SEG-

SECTION II.

Qui traite des moyens d'arrêter les Duels.

IL s'est fait tant de divers Edits pour empêcher les Duels, sans que jusqu'à présent on en ait pu tirer le fruit qu'on en devoit attendre, & qu'on en desiroit, qu'il est difficile de trouver un moyen assuré pour arrêter le cours de cette rage.

Les François méprisent tellement leur vie, que l'expérience nous a fait connoître que les plus rigoureuses peines n'ont pas toujours été les meilleures pour arrêter leur frénésie.

Ils ont souvent estimé qu'il y avoit d'autant plus de gloire à violer les Edits, qu'ils faisoient voir par une telle extravagance, que l'honneur leur étoit en bien plus grande recommandation que leur vie, étant plus capables d'appréhender de perdre les commodités, sans lesquelles ils ne peuvent vivre heureux en ce monde, que de mourir hors de la grace de Dieu, sans laquelle ils

feront

feront malheureux dans l'autre ; la crainte de perdre leurs charges , leurs biens & leurs libertés , a fait plus d'effet fur leurs efprits , que celle de perdre la vie.

Je n'ai rien oublié de ce qui m'a été poffible pour trouver quelque reméde propre à la guérifon de ce dangereux mal. J'ai fouvent confulté pour fçavoir , fi ainfi qu'il eft permis aux Rois , de faire battre deux particuliers pour éviter une bataille , & décider par ce moyen le différend qui leur a mis les armes en main , ils ne pourroient pas auffi accorder quelques combats , pour éviter la multitude des duels qui fe font tous les jours ; je difois qu'il y avoit grande apparence qu'on pourroit par ce moyen garantir la France de cette frénéfie , qui lui caufe tant de mal , vu qu'en faifant efpérer la permiffion du combat à ceux qui auroient jufte fujet de le prétendre , chacun fe foumettroit volontiers aux Juges députés pour connoître la qualité de leur offenfe ; ce qui vraifemblablement empêcheroit le malheur des duels, vu qu'il fe trouveroit peu de querelles qui ne puffent être terminées par un bon accord.

H 3   J'ajou-

J'ajoutois pour favorifer cette penfée, qu'autrefois on avoit permis plufieurs duels en ce Royaume, ce qui
s'étoit auffi pratiqué en divers Etats.

J'eftimois qu'on pourroit par ce
moyen abolir l'ufage de la barbarie,
qui veut que tout homme offenfé fe
faffe juftice foi-même, & trouve fa fatisfaction dans le fang de fon ennemi.
Mais après avoir lu & relu ce que les
Auteurs plus autentiques difent fur
cette matiere, & penfé plufieurs fois
fur un fujet fi important, j'ai trouvé
par l'avis des moins fcrupuleux & plus
réfolus Théologiens du tems, que les
Rois étant établis pour conferver leurs
fujets, & non pour les perdre, ils ne
peuvent expofer leur vie fans quelque
utilité publique, ou néceffité particuliere; qu'ils ne fçauroient permettre les
combats particuliers fans expofer l'innocent à recevoir la peine du coupable,
vu que Dieu ne s'étant pas obligé à rendre la raifon toujours victorieufe, le
fort des armes eft incertain, & que bien
que telles permiffions ayent quelquefois été autorifées, ou au moins en divers Etats, & même du confentement
de quelques Eglifes particulieres, elles
ont

ont toujours été abusives ; ce qui paroît bien évidemment , puisqu'enfin
l'Eglise universelle les a défendues , &
condamnées sous de très-grandes peines; j'ai reconnu qu'il y avoit très-gran-
de différence entre faire battre deux
particuliers pour éviter une bataille &
finir une guerre , & les faire battre
pour éviter les duels.

Le premier est permis , parce que la
nature nous enseigne que la partie doit
s'exposer pour son tout, & que la raison veut que le particulier se hazarde
pour le Général , parce qu'outre que
cet expédient a été pratiqué de tout
tems , on en trouve des exemples dans
les Saintes Lettres , & que son effet est sain & certain, en ce que quelque événement qu'ait un duel , permis
en ce cas , il sauve la vie à un grand
nombre de personnes qui peuvent servir le public en d'autres occcasions.

Mais il n'est pas de même du second,
qui est illicite par sa nature , en ce
qu'au lieu de sauver certainement le Général , par le hazard de quelques particuliers , & ainsi garantir d'un plus
grand mal par un moindre , il expose
déterminément les particuliers à leur

H 4 perte

perte, fur la feule imagination d'une utilité publique, qui n'a point de fondement certain ; ce moyen eft d'autant moins recevable, qu'au lieu d'arrêter le cours des duels, il eft capable d'en augmenter la licence ; en ce que l'aveuglement de la Nobleffe eft fi grand, que beaucoup eftimant que demander le combat par cette voie, feroit rechercher le moyen de ne fe battre pas, feroient vanité de prendre un chemin plus court pour tirer raifon de leurs injures, & donner des preuves de leur courage.

Le Roi défunt voulut en 1609. avoir recours à ce moyen, avec toutes les circonftances qui pouvoient le faire valoir ; il privoit des biens, des charges & de vie ceux qui fe battoient fans en avoir obtenu la permiffion, mais ce fut inutilement ; & c'eft ce qui a obligé V. M. après avoir fait la même épreuve au commencement de fon regne, de recourir par fon Edit du mois de Mars 1626. à un autre reméde, qui a eu d'autant plus d'effet, que les peines, pour en être plus modérées, en font plus cuifantes à ceux qui font moins d'état de leur vie, que de leurs biens & de leur liberté.   Or

Or parce que les meilleures Loix du monde font inutiles, fi on ne les fait obferver inviolablement, & que fouvent ceux qui tombent en ce genre de faute, ufent de tant d'artifices pour en éviter les preuves, qu'il eft prefque toujours impoffible de le convaincre.

Je ne crains point de dire à V. M. que ce n'eft pas affez de punir les appels & les duels avérés par la rigueur de fes Edits, mais lorfqu'il y aura notoriété fans preuve, vous devez prendre les Délinquans, & les mettre prifonniers à leurs dépens, pour plus ou pour moins de tems, felon les diverfes circonftances de leurs fautes, autrement la négligence dont ufent ordinairement vos Procureurs Généraux à informer ; l'indulgence de vos Parlemens, & la corruption du fiécle, qui eft telle, qu'un chacun eftime autant à honneur, d'aider ceux qui fe font battus à déguifer leurs crimes, qu'un vrai Gentilhomme tiendroit à honte de receler le vol d'un larron, rendront vos Edits & vos foins inutiles.

C'eft en tel cas où la feule voie de fait peut faire obferver vos Loix & vos Ordonnances, c'eft en ces occafions où

 votre

votre autorité doit paſſer par deſſus les formes, pour maintenir la régle & la diſcipline , ſans laquelle un Etat ne peut ſubſiſter & donner moyen à vos Officiers de châtier les crimes par les formes , y ayant grande apparence qu'on trouvera plus facilement la cauſe & la preuve d'un délit , dont les coupables ſeront arrêtés , que ſi étant en pleine liberté , ils peuvent faire toute ſorte de diligence pour en étouffer la connoiſſance.

Si enſuite V. M. ordonne que les rencontres paſſeront pour duels , & ſeront punies comme telles , juſqu'à ce que ceux qui les auront faites ſe ſoient rendus volontairement priſonniers , & en ſoient abſous par Sentence , Elle fera tout ce qui peut probablement arrêter le cours de cette frénéſie , & le ſoin qu'Elle prendra de conſerver la vie de la Nobleſſe , la rendra maîtreſſe de leurs cœurs, & l'obligera à une ſi étroite fidélité , qu'elle payera avec uſure ce que V. M. en peut attendre dans tous les emplois dont ils ſont gratifiés.

CHA-

CHAPITRE IV.

Du troisiéme Ordre du Royaume.

POUR traiter avec méthode du troisiéme Ordre du Royaume, & voir
clairement ce qui est nécessaire pour le
faire subsister en l'état qu'il doit être,
je le diviserai en trois parties.

La premiere contiendra le corps des
Officiers de la Justice.

La seconde, de ceux qui manient les
finances.

Et la troisiéme, le peuple qui porte
presque toujours les charges de l'Etat.

SECTION I.

Qui touche en gros les désordres de la Jus-
tice, & examine particuliérement si
la suppression de Vénalité & d'Héré-
dité des Offices, seroit un bon reméde
à tels maux.

IL est beaucoup plus aisé de reconnoître les défauts de la Justice, que
 d'en

d'en preſcrire les remédes. Il n'y a perſonne qui ne voye que ceux qui ſont
établis pour tenir la balance juſte en
toutes choſes , l'ont eux-mêmes tellement chargée d'un côté à leur avantage , qu'il n'y a plus de contrepoids.

Les déréglemens de la Juſtice ſont
venus à tel point , qu'ils ne peuvent
paſſer plus avant ; j'entrerois dans le
détail de ces déſordres , & en celui des
remédes qu'on y peut apporter , ſi la
connoiſſance que j'ai , & de celui qui
remplit préſentement la premiere charge de la Juſtice , & du deſſein qu'il a
de la rendre auſſi pure , que la corruption des hommes le peut ſouffrir , ne
m'obligeoit à me contenter de propoſer ſeulement à V. M. certains remédes
généraux , pour arrêter le cours des
principaux déſordres.

Au jugement de la plus grande partie
du monde , le plus ſouverain conſiſte à
ſupprimer la vénalité , à éteindre l'hérédité des Offices, & à les donner gratuitement à des perſonnes d'une capacité & d'une probité ſi connue, que leur
mérite ne puiſſe être conteſté par l'envie même.

Mais comme ce n'eſt pas choſe qui
ſe.

se puisse faire en ce tems , & qu'il sera difficile de pratiquer cet expédient en quelqu'autre que ce puisse être, il seroit maintenant inutile de proposer des moyens pour parvenir à cette fin.

Lorsqu'on voudra entreprendre ce dessein , il s'en trouvera sans doute qui ne se peuvent prévoir maintenant , & ceux qu'on pourroit prescrire ne seroient plus de saison , lorsqu'on pourroit mettre la main à l'œuvre.

Cependant , bien qu'il soit presque toujours dangereux d'être singulier dans son avis, je ne puis que je ne dise hardiment, qu'en l'état présent des affaires & en celui qu'on peut prévoir pour l'avenir , il vaut mieux , selon ma pensée , continuer la vénalité & l'hérédité des Offices , qu'en changer tout-à-fait l'établissement.

Il y a tant d'inconvéniens à craindre en un tel changement , qu'ainsi que bien que les élections aux bénéfices soient plus anciennes & plus canoniques que les nominations des Rois ; si , est-ce toutefois que les grands abus qui s'y sont commis , & qu'il seroit impossible d'empêcher , rendent l'usage des nominations plus supportable , comme

sujet

fujet à moins de mauvaifes conféquences.

Auffi, bien que la fuppreffion de la
vénalité & de l'hérédité des Offices
foit conforme à la raifon & à toutes les
conftitutions du droit ; fi eft-ce néanmoins, que les abus inévitables qui fe
commettroient en la diftribution des
charges fi dépendantes de la fimple volonté des Rois, en ce qu'elles dépen-
droient de la faveur & de l'artifice
de ceux qui fe trouveroient plus puiffans auprès d'eux, rendent la façon
par laquelle on y pourvoit maintenant,
plus tolérable que celle dont on s'eft
fervi par le paffé, à caufe des grands
inconvéniens qui l'ont toujours accompagnée.

Il faudroit être aveugle pour ne connoître pas la différence qu'il y a entre
ces deux partis, & ne defirer pas de
tout fon cœur la fuppreffion de la vénalité & de l'hérédité des Offices, fuppo-
fé qu'en ce cas les charges fuffent diftri-
buées par la pure confidération de la
vertu.

Auffi eft-il impoffible de ne reconnoître pas qu'en tel cas les artifices de
la Cour pourroient plus que la raifon,

son, & la faveur plus que le mérite.

Rien ne donna tant de moyen au Duc de Guise de se rendre puissant dans la ligue contre le Roi & son Etat, que le grand nombre d'Officiers qu'avoit introduit son crédit dans les principales charges du Royaume. Et j'ai appris du Duc de Sully, que cette considération fut le plus puissant motif qui porta le feu Roi à l'établissement du Droit annuel, que ce grand Prince n'eut pas tant d'égard au revenu qu'il en pouvoit tirer, qu'au moyen de se garantir à l'avenir de pareils inconvéniens, & qu'encore que le fisc pût beaucoup sur lui, la raison d'état y fut plus puissante en cette occasion.

Au nouvel établissement d'une République, on ne sçauroit sans crime n'en bannir pas la vénalité, parce qu'en tel cas la raison veut qu'on établisse des Loix les plus parfaites, que la société des hommes le peut souffrir. Mais la prudence ne permet pas d'agir de même pied en une ancienne Monarchie, dont les imperfections ont passé en habitude, & dont le désordre fait (non sans utilité) partie des ordres de l'Etat.

Il faut en ce cas succomber à la foibleſſe , & ſe contenter plutôt d'une ré-gle modérée que d'en établir une plus auſtére , & qui ſeroit peut-être moins convenable , ſa rigueur étant capable de cauſer quelque ébranlement à ce qu'on veut affermir.

Je ſçai bien qu'on dit d'ordinaire que celui qui achete en gros la juſtice, la peut vendre en détail ; mais il eſt vrai toutefois qu'un Officier qui met la plus grande partie de ſon bien à une charge , ne ſera pas peu retenu de mal faire , par la crainte qu'il aura de per-dre tout ce qu'il a valant ; & qu'en tel cas le prix des Offices n'eſt pas un mau-vais gage de la fidélité des Officiers.

Les plaintes qu'on fait de la vénalité ont été communes en tous les âges de la Monarchie ; mais bien qu'on les ait toujours reconnues raiſonnables en el-les-mêmes , on n'a pas laiſſé de tolérer le déſordre qui en étoit la cauſe , pré-ſuppoſant que nous ne ſommes pas ca-pables de l'auſtére perfection qu'elles ont pour fin.

Il faudroit être ignorant dans l'hiſ-toire , pour ne ſçavoir pas que quel-ques-uns qui l'ont écrite , n'épargnant pas même le Roi Saint Louis , ont taxé

ſon

ſon Regne, parce que de ſon tems on ne donnnoit pas les charges gratuitement ; qu'ils en condamnent d'autres qui ſont venus enſuite, parce que le trafic des Offices étoit déja ſi public, qu'on affermoit les deniers qui en provenoient, & qu'ils rendent la mémoire du Grand Roi François odieuſe, parce que c'eſt le premier qui mû par la néceſſité de ſon ſiécle, les mit en commerce réglé, qui a toujours duré.

J'avoue que c'eſt un malheur à ce Grand Prince d'être le premier auteur de ce mauvais établiſſement; mais peut-être ne ſeroit-il pas ſi condamnable, ſi on ſçavoit bien les raiſons qui l'y ont contraint. La connoiſſance qu'il avoit que les particuliers vendoient ſes graces à ſon inſçu , & l'importance des grandes affaires dont il étoit accablé , lui firent croire qu'il n'y avoit point de meilleur & de plus prompt expédient pour tirer volontairement le bien de ſes ſujets, que de leur donner de l'honneur pour de l'argent.

Le feu Roi aſſiſté d'un fort bon Conſeil dans une profonde paix , & un Regne exemt de néceſſité, ajouta l'établiſſement du Droit annuel à la véna-

lité

lité introduite par ce grand Prince.

Il n'eſt pas à préſumer qu'il l'ait fait ſans quelque conſidération, & ſans en avoir prévu, autant que la prudence humaine le peut permettre, les conſéquences & les ſuites; & c'eſt une choſe aſſurée, que ce qui eſt fait par les Princes, dont la conduite a été judicieuſe, ne peut être changé avec raiſon, ſi l'expérience n'en fait connoître le préjudice, & ſi l'on ne voit clairement qu'on peut faire mieux.

Les déſordres qui ont été établis par de néceſſités publiques, & qui ſe ſont fortifiés par des raiſons d'état, ne ſe peuvent réformer qu'avec le tems. Il en faut doucement ramener les eſprits, & ne point paſſer d'une extrémité à l'autre.

Un Architecte qui par l'excellence de ſon art, corrige les défauts d'un ancien bâtiment, & qui ſans l'abattre le réduit à quelque ſimétrie ſupportable, mérite bien plus de louange que celui qui le ruine tout-à-fait pour faire un nouvel édifice parfait & accompli.

Difficilement pourroit-on changer l'ordre établi pour la diſpoſition des Offices, ſans altérer le cœur de ceux qui

qui les poſſédent, auquel cas il ſeroit
à craindre qu'au lieu que par le paſſé,
ils n'ont pas peu ſervi à retenir les peuples dans leur devoir, ils contribuaſſent
à l'avenir plus qu'aucuns autres à leurs
débauches. Il eſt quelquefois de la prudence d'affoiblir les remédes, pour qu'ils
faſſent plus d'effet. Et les ordres les plus
conformes à la raiſon ne ſont pas toujours les meilleurs, parce qu'ils ne ſont
pas quelquefois proportionnés à la portée de ceux qui les doivent pratiquer.

Au lieu que la ſuppreſſion de la vénalité & de l'hérédité des Offices devroit
ouvrir la porte à la vertu, elle l'ouvriroit aux brigues & aux factions, &
rempliroit les charges d'Officiers de
baſſe extraction, ſouvent plus chargés
de latin que de biens, dont il arrive-
roit beaucoup d'inconvéniens. Si l'on
pouvoir entrer aux charges ſans argent,
le commerce ſe trouveroit abandonné
de beaucoup de gens, qui éblouis de
la ſplendeur des Dignités, coureroient
plutôt aux Offices & à leur ruine tout
enſemble, qu'ils ne ſe porteroient au
trafic qui rend les familles abondantes.

Au reſte, il n'y a perſonne qui ne
ſçache que la foibleſſe de notre ſiécle

eſt

eſt telle, qu'on ſe laiſſe plutôt aller aux importunités, que conduire par la raiſon, & qu'au lieu d'être guidés par la juſtice, on eſt d'ordinaire emporté par la faveur.

L'expérience du paſſé nous doit faire craindre l'avenir, tant parce qu'elle nous a toujours fait voir que les plus puiſſans en crédit gagnent ſouvent leur cauſe au préjudice de la vertu, que parce que le Prince & les plus confidens ne pouvant connoître le mérite des perſonnes, que par le jugement du tiers & du quart, ils ne ſçauroient s'empêcher ſouvent de prendre l'ombre pour le corps.

Une baſſe naiſſance produit rarement les parties néceſſaires au Magiſtrat, & il eſt certain que la vertu d'une perſonne de bon lieu a quelque choſe de plus noble, que celle qui ſe trouve en un homme de petite extraction. Les eſprits de telles gens ſont d'ordinaire difficiles à manier, & beaucoup ont une auſtérité ſi épineuſe, qu'elle n'eſt pas ſeulement fâcheuſe, mais préjudiciable.

Il eſt des premiers au reſpect des ſeconds, comme des arbres qui étant plantés en une bonne terre, portent des fruits & plus beaux & meilleurs que

ceux

ceux qui sont en une mauvaise ; & partant tant s'en faut qu'il faille condamner la vénalité, parce qu'elle exclut
des charges & des Offices beaucoup de
gens de basse condition ; qu'au contraire c'est un des sujets qui la rend plutôt
tolérable.

Le bien est un grand ornément aux
dignités qui sont tellement relevées
par le lustre extérieur, qu'on peut dire
hardiment que de deux personnes ,
dont le mérite est égal ; celle qui est la
plus aisée en ses affaires , est préférable
à l'autre, étant certain qu'il faut qu'un
pauvre Magistrat ait l'ame d'une trem-
pe bien forte , si elle ne se laisse quelquefois amolir par la considération de
ses intérêts ; aussi l'expérience nous apprend que les riches sont moins sujets
à concussions que les autres, & que la
pauvreté contraint un Officier à être
fort soigneux du revenu du sac.

On dira peut-être que si ces inconvéniens conviennent à souffrir la vénalité , au moins est-il vrai que le Droit
annuel devroit être supprimé, parce
qu'il met les Offices hors de prix , &
empêche que les gens de vertu n'y puissent parvenir même par leur argent.

Le

Le feu Roi prévoyant ce mal , avoit inféré dans l'Edit qu'il fit fur ce fujet, des précautions capables de le prevenir, exceptant non-feulement du Droit annuel les Charges des premiers Préfidens , de Procureurs & Avocats Généraux ; mais fe réfervant de plus le pouvoir de difpofer des Offices qui y font compris lorfqu'ils viendroient à vacquer , en payant préalablement aux héritiers de ceux qui en étoient pourvus, le prix auquel ils feroient évalués.

Ces précautions étoient auffi préjudiciables que néceffaires , & à dire le vrai , les maux que caufe préfentement le Droit annuel dans l'Etat , ne procédent pas tant du vice de fa nature , que de l'imprudence avec laquelle on a levé les correctifs que ce grand Prince y avoit apportés. Si l'Edit fût demeuré en la pureté de fon premier établiffement , les Offices ne fuffent jamais venus à l'excès du prix auquel ils font maintenant. Les changemens qu'on y a faits en ont rendu l'ufage auffi préjudiciable qu'il eût été innocent, fi on l'eût laiffé dans les termes de fon premier être ; & partant il en faut plutôt corriger les abus , qu'en changer l'établiffement.

La

La révocation du Droit annuel obligeroit les vieux Officiers à se retirer de leurs charges, lorsque l'expérience & la maturité de leur âge les rendroit plus capables de servir le public. Cependant il est à propos qu'il y en ait de vieux & de jeunes, parce que comme la prudence des premiers peut beaucoup servir à conduire les autres, la vigueur des jeunes est nécessaire pour réveiller & animer les vieillards.

Si mon but étoit de m'acquérir par cet ouvrage l'inclination du peuple, plutôt que de mériter sa bienveillance en me rendant utile à l'Etat, je soutiendrois qu'il faut supprimer la vénalité & le Droit annuel tout ensemble ; chacun s'est tellement persuadé que ce sont deux sources des déréglemens du Royaume, que la voix publique me donneroit des Couronnes, sans examiner si je les aurois méritées.

Mais sçachant que celui qui tâche d'acquérir de la réputation par des ouvertures d'une réformation plus conforme à la rigueur des Loix, que proportionnée aux forces de l'Etat, ne cherche que son intérêt, & ne peut s'excuser d'une vanité non-seulement

blâmable,

blâmable, mais encore criminelle ; & qu'en ce cas ses soins, bien que spécieux, sont aussi préjudiciables au public, que la négligence & la malice d'un autre.

Je me donnerai bien de garde d'en user ainsi, il y a trop d'inconvéniens à la suppression de ces deux Edits, pour oser conclure qu'il est à propos de le faire.

S'ils ouvroient la porte à la négligence & au vice, comme on le suppose d'ordinaire ; je ne marchanderois pas à dire que l'on ne les devroit pas souffrir. Mais quand je considére que s'il entre aux Offices des personnes destituées des qualités qu'elles doivent avoir ; c'est par la seule faute des Procureurs Généraux, qui informent de leurs vies & de leurs mœurs, & par celle des Compagnies qui étant Juges de leur capacité & de leur vertu, doivent les refuser lorsqu'ils n'ont pas les conditions requises; je ne puis que je ne dise que le reméde de ce mal consiste plus à faire observer les Ordonnances, qu'à abolir la vénalité & le Droit annuel, qui n'en sont pas la cause.

On dira peut-être que si les Offices

de

de Judicature ne se vendoient point, on pourroit exercer la Justice gratuitement, mais pourvu que les frais qui s'y font soient réglés, ils ne doivent pas être considérés comme un mal dont il se faille mettre en peine.

Je sçai bien qu'à prendre les choses à la rigueur, ce seul prix qui est dû pour l'administration de la Justice, est payé par la privation de la liberté de ceux qui se font volontairement soumis à l'observation des loix; & qu'ainsi obliger ceux qui plaident à donner de l'argent, c'est les contraindre d'acheter une seconde fois, ce qu'ils ont déja bien chérement payé par leur sujetion: cette coutume s'est néanmoins si bien fortifiée, que bien que l'épice soit picquante par sa nature, on n'oseroit se plaindre de celles qui se payent au Palais, & qui proposeroit d'en abolir l'usage s'exposeroit à la risée du monde.

Il y a des abus qu'il faut souffrir, de peur de tomber dans des suites de plus dangereuse conséquence; le tems & les occasions ouvriront les yeux à ceux qui viendront en un autre siécle, pour faire utilement ce qu'on n'oseroit entreprendre en celui-ci, sans exposer

imprudemment l'Etat à quelque ébranlement.

Toutes les raisons rapportées ci-des-
fus, & beaucoup d'autres mûrement
confidérées, bien que la vénalité &
l'hérédité des Charges ne foient pas
canoniques; encore qu'il fût à fouhaiter que le mérite eût toujours été le feul
prix des Offices, & la vertu le feul titre qui en pût tranfmettre la fucceffion
aux héritiers des Officiers, au lieu de
conclure au changement de ces deux
établiffemens, la conftitution préfente
de l'établiffement m'oblige à dire déterminément trois chofes.

La premiere eft, que fi la vénalité
étoit ôtée, le défordre qui provien-
droit des brigues & des menées, par
lefquelles on pourvoiroit aux Offices,
feroit plus grand que celui qui naît de
la liberté de les acheter ou de les vendre.

La feconde, que fi la feule hérédité
étoit abolie, outre que la modération
que l'on procureroit tous les jours aux
prix des Offices qui viendroient à vacquer, rendroit les parties cafuelles
prefque du tout infructueufes, & que
par ce moyen on introduiroit un fale
commerce,

commerce, qui donneroit lieu à force gens de peu de mérite de partager secrettement les graces que les Rois penseroient faire aux Officiers, nous retomberions dans le mal dont le feu Roi a voulu garantir cet Etat, lorſque par l'établiſſement de la Paulette, il priva les Grands du Royaume du moyen de s'acquerir à ſes dépens diverſes créatures qui puſſent les ſervir en tems & lieu, au préjudice des intérêts publics.

La troiſiéme eſt, que puiſque la vertu des hommes n'eſt pas aſſez forte pour ſe porter à préférer toujours le mérite à la faveur, il vaut mieux laiſſer la vénalité & le droit annuel, que d'abolir ces deux établiſſemens difficiles à changer tout-d'un-coup ſans ébranler l'Etat.

Mais j'ajoute qu'il eſt abſolument néceſſaire de modérer le prix des Offices; qui eſt monté juſqu'à tel point, qu'il eſt impoſſible d en ſupporter l'excès.

Si les avis ſont d'autant plus excellens qu'ils ſont utiles & aiſés à exécuter, on doit faire cas de celui-ci dont le fruit eſt évident & la pratique fort

I 2 aiſée,

aifée, puifque fon exécution ne requiert autre chofe que de remettre l'Edit du droit annuel aux premiers termes de fon établiffement.

En ce cas les Offices étant réduits à un prix raifonnable, qui n'excédera pas la moitié de celui auquel le dérégle-ment des efprits les porte maintenant; & étant libre & facile au Roi de le payer aux héritiers, pour difpofer des Charges nouvelles à fa volonté ; tant s'en faut que l'Etat en reçoive du dom-mage, qu'au contraire j'ofe répéter qu'il en recevra beaucoup d'avantage.

Au refte, on peut réduire les chofes à ce point, fans donner lieu de plainte aux parties intéreffées, puifqu'il eft aifé de les dédommager du mal qu'ils fe font fait eux-mêmes, par divers moyens que je ne fpécifie pas mainte-nant, parce que s'ils étoient décou-verts, ils perdroient leur force avant qu'on voulût les mettre en pratique.

SECTION II.

Qui propose les moyens généraux qui se peuvent pratiquer pour arrêter le cours des désordres de la Justice.

APRE'S ce que dessus, il ne me reste autre à dire avant que de finir ce Chapitre, que ce que j'ai représenté à Votre Majesté sur le sujet du premier Ordre de son Royaume.

Si elle fait grand cas des Officiers de la Justice, dont la réputation sera entiere ; si elle ne voit pas de bon œil ceux qui n'ayant eu autre moyen que celui de leur argent pour parvenir à la Magistrature, se trouveront destitués de tout mérite ; si elle prive entiérement de sa grace, & fait châtier ceux qui abusant de leur devoir, vendront la Justice au préjudice de ses Sujets, elle fera absolument tout ce qui peut être utilement pratiqué pour la réformation de ce corps, laquelle dépend aussi-bien que celle de l'Ordre Ecclésiastique, plus de ceux qui en ont l'ad-

I 3   minis-

miniftration, que des loix & des réglemens qui demeurent inutiles, fi ceux
qui ont charge de les faire obferver,
n'en ont auffi la volonté.

Quand même les loix feroient dé-
fectùeufes, fi les Officiers font gens de
bien, leur probité fera capable de fup-
pléer à ce défaut, & pour bonnes qu'elles puiffent être ; elles font tout-à-fait
infructueufes, fi les Magiftrats en né-
gligent l'exécution ; beaucoup plus s'ils
font méchans pour en pervertir l'ufage, felon leurs paffions & leur déréglement ; étant difficile d'être Juge & jeune tout enfemble. Je ne puis que je ne
marque enfuite de ce que j'ai dit, que
pour réformer la Juftice, ce n'eft pas
une chofe de petite conféquence, que
de faire obferver foigneufement les
Ordonnances, fur le fujet de l'âge auquel les Officiers doivent être reçus.

On ne fçauroit à mon avis y être trop
exact, ni par conféquent trop févére
envers les Procureurs Généraux, qui
manqueront à leur devoir en l'obligation qu'ils ont, d'avoir l'œil à ce que les
intéreffés ne puiffent furprendre les Juges en ce fujet, ni éluder par fuppofi-
tion & déguifement les bonnes intentions du Prince.   Outre

Outre que par cette juste rigueur on se garantira du mal de la Jeunesse, qui n'est pas petit, on se préservera aussi de celui de l'ignorance, qui est la source de beaucoup d'autres.

Les Officiers ne se pouvant précipiter comme ils font à présent en leur réception, étudieront davantage, puisqu'autrement il faudroit qu'ils demeurassent oisifs, ce qui n'arrive guere à ceux qui ont étudié, qu'après qu'ils ont obtenu la fin qu'ils se proposent.

Je ne dois pas omettre à ce propos, qu'il seroit encore à desirer qu'on retranchât absolument la pratique de certains Docteurs, qui sifflans les jeunes comme des Perroquets, leur apprennent souvent à dire ce qu'ils n'entendent pas, & ne les rendent habiles qu'à tromper le public en se trompant eux-mêmes.

Telles gens sont semblables aux tireurs d'armes, qui ne sont bons qu'à instruire les hommes à leur propre ruine, & à les empêcher de sçavoir les vrais exercices des Gens de guerre, qui ne s'apprennent que dans les armées, avec beaucoup de tems & de fatigues.

Le bannissement des uns & des autres ne seroit pas de petite utilité, ce

I 4   qui

qui dans la pratique fe trouveroit auffi difficile, comme la propofition en eft aifée. J'aime mieux me contenter de condamner en ce lieu les peres qui fouffrent, que leurs enfans foient inf-truits de la forte, & les convier à l'a-venir à ne commettre plus une telle faute contre leur propre fang ; que de fupplier Votre Majefté de prefcrire fur ce fujet de nouvelles loix, qui ne fe-roient pas plutôt faites qu'on ne trou-vât mille moyens d'en éluder l'effet, d'en éviter la pratique.

L'expérience, que vingt ans de la continuelle occupation que j'ai eue dans l'adminiftration des affaires pu-bliques, m'ont acquife, m'oblige à re-marquer, que bien qu'il fût à defirer que les compagnies fédentaires, qui font abfolument établies pour rendre la Juftice à un chacun, & prévenir & régler tous les défordres du Royaume, s'acquitaffent fi bien de leur devoir, qu'il ne fût pas befoin d'avoir recours à des Commiffions extraordinaires, pour les y maintenir : il eft néanmoins fi difficile d'efpérer ce qu'on doit fou-haiter en ce fujet, que j'ofe avancer que pour tenir ce grand Etat en la po-lice

lice & en la discipline sans laquelle il ne peut être florissant ; on ne sçauroit rien faire de plus à propos, que d'envoyer de tems en tems dans les Provinces des Chambres de Justice, composées de Conseillers d'Etat, & de Maîtres des Requêtes, bien choisis pour éviter les épines des Parlemens, qui fomentent des difficultés sur toutes choses, afin que cette Compagnie recevant les plaintes, qui pourroient être faites contre toutes sortes de personnes, sans exception d'aucune qualité, elle y pourvoie en même-tems.

Je sçai bien que les Cours Souveraines souffriront mal volontiers tels établissemens, mais étant impossible qu'elles ne reconnoissent qu'un Souverain n'est pas obligé de souffrir leur négligence, & que la raison veut qu'il supplée à leur défaut ; je ne crains point de dire qu'il vaut mieux en cette occasion acquerir leur estime, en correspondant à son obligation, que conserver leur bien-veillance, en manquant à ce qui est dû aux intérêts publics. Or parce qu'il est impossible d'envoyer telles Compagnies en même-tems dans toutes les Provinces, & qu'il suffira

I 5   qu'une

qu'une de cette nature , compofée des
mêmes Officiers , ou de différens , faffe
le tour de la France en fix ans ; je croi
qu'il fera très-utile d'envoyer fouvent
dans les Provinces des Confeillers d'E-
tat , ou des Maîtres des Requêtes bien
choifis , non-feulement pour faire la
fonction d'Intendant de Juftice dans les
Villes Capitales , ce qui peut plus fervir à leur vanité , qu'à l'utilité du public ; mais pour aller en tous les lieux
des Provinces , s'enquerir des mœurs
des Officiers de Juftice & des Finances ;
voir fi les impofitions fe levent conformément aux Ordonnances ; fi les Rece-
veurs n'y commettent pas d'injuftices
en vexant les peuples , découvrir la façon avec laquelle ils exercent leurs
charges , apprendre comme fe gouverne la Nobleffe , & arrêter le cours de
toutes fortes de défordres , & fpécialement des violences de ceux qui étant
puiffans & riches , oppriment les foibles & les pauvres Sujets du Roi.

SECTION

SECTION III.

Qui repréfente combien il eft important d'empêcher que les Officiers de la Juftice n'empiétent fur l'autorité du Roi.

APrès avoir repréfenté ce qui doit être pratiqué, & ce qui le peut être aifément pour rendre les Officiers de la Juftice tels qu'ils doivent être à l'égard des Particuliers, je ne fçaurois m'abftenir fans crime de propofer ce qu'il faut faire, pour empêcher qu'un fi puiffant corps, comme eft celui qu'ils compofent, ne foit préjudiciable au gros de l'Etat.

Il femble qu'il y ait beaucoup à dire fur un tel Sujet, & cependant j'en dirai affez en trois mots, fi je mets en avant qu'il ne faut autre chofe que reftraindre les Officiers de Juftice à ne fe mêler que de la rendre aux Sujets du Roi, qui eft la feule fin de leur établiffement.

Les plus fages de vos Prédéceffeurs ont eu ce foin en finguliere recomman-
I 6   dation,

dation , & s'en font bien trouvés : V.
M. a fuivi leur exemple , tànt que j'ai
eu l'honneur de fervir fous fes commandemens ; & en effet c'eft une chofe
fi importante , que fi on laiffoit aller la
bride à ces Compagnies puiffantes ; on
ne pourroit plus après les retenir dans
les bornes de leur devoir.

Il feroit impoffible d'empêcher la
ruine de l'autorité Royale , fi on fui-
voit les fentimens de ceux qui étant
auffi ignorans en la pratique du Gouvernement des Etats , qu'ils préfument
être fçavans dans la théorie de leur adminiftration , ne font ni capables de
juger folidement de leur conduite , ni
propres à donner des Arrêts fur le cours
des affaires publiques , qui excédent
leur portée.

Comme il ne faut rien fouffrir de
ces grandes Compagnies qui puiffe
bleffer l'autorité Souveraine , c'eft prudence de tolérer quelques-uns de leurs
défauts en autre genre.

Il faut compâtir aux imperfections
d'un corps , qui ayant plufieurs têtes
ne peut avoir un même efprit , & qui
étant agité d'autant de divers mouvemens , qu'il eft compofé de différens
fujets ,

sujets, ne peut souvent être porté ni à connoître ni à souffrir son propre bien.

Il n'y a personne qui ne doive improuver leur procédé, quand ils sont emportés par quelques déréglemens, mais en le condamnant avec raison, il est difficile d'y trouver du reméde; parce que dans les grandes compagnies, le nombre des mauvais surpasse toujours celui des bons, & que quand ils seroient tous sages, ce ne seroit pas encore chose sûre, que les meilleurs sentimens se trouvassent en la plus grande partie, tant les jugemens sont divers, en ceux mêmes, qui n'ayant autre dessein que de bien faire, ne sont pas différens en leurs intentions & en leurs fins.

C'est chose si ordinaire à telles compagnies, de regarder & trouver à redire au Gouvernement des Etats, que cela ne doit pas sembler étrange.

Toute autorité subalterne regarde toujours avec envie celle qui lui est supérieure, & comme elle n'ose en disputer la puissance, elle se donne la liberté d'en décrier la conduite.

Il n'y a point d'esprits si réglés, à
qui

qui la domination la plus douce du monde ne foit en quelque façon odieufe : auffi eft-ce pour cette confidération , qu'un Ancien a dit avec raifon ; qu'entre les hommes , qui font égaux par nature , il s'en trouve peu qui ne fouffrent avec regret la différence , que la fortune met entr'eux , & qui étant contraints de céder , ne blâment ceux qui les commandent , pour montrer que s'ils leurs font inférieurs en puiffance , ils les furpaffent en mérite.

SECTION IV.

Des Officiers des Finances.

LEs Financiers & les Partifans font une Claffe féparée , préjudiciable à l'Etat , mais pourtant néceffaire.

Ce genre d'Officiers eft un mal dont on ne fçauroit fe paffer , mais qu'il faut réduire à des termes fupportables.

Leur excès & le déréglement qui s'eft gliffé parmi eux , eft venu à tel point qu'il ne fe peut fouffrir. Ils ne

fçauroient

fçauroient s'agrandir davantage fans ruiner l'Etat & fans fe perdre eux-mêmes, donnant lieu de s'emparer de leurs biens fur la fimple connoiffance des exceffives richeffes qu'ils auront amaffées en peu de temps, & fur la différence qui fe vérifiera entre ce qu'ils avoient lorfqu'ils font entrés en charge, & ce dont ils fe font trouvés poffeffeurs.

Je fçai bien qu'un tel procédé peut être fujet à de grandes méprifes, & qu'il pourroit fervir de prétexte à des violences bien injuftes; auffi je ne touche pas ce point en paffant pour en confeiller la pratique fujette à beaucoup d'abus: mais je foutiens qu'on ne fçauroit s'en plaindre juftement fi on s'y gouvernoit avec telle circonfpection, qu'en châtiant ceux qu'on trouveroit être riches en peu de tems par la feule induftrie de leurs mains, on ne touchât point fous ce prétexte au bien de ceux qui fe font rendus riches & puiffans; ou par leur patrimoine, l'un des plus innocens moyens que les hommes ayent de s'accroître, ou par les gratifications émanées de la pure faveur de leur Maître, qui les exemte

exemte de crime : ou par les pures ré-
compenfes qui ont été données à leurs
fervices , qui en eft un autre non-feulement irréprochable , mais le plus légitime qui puiffe être , puifqu'étant
utile aux particuliers , il eft avantageux
à l'Etat qui fera toujours mieux fervi ,
quand ceux qui le fervent utilement
feront mieux traités.

Il eft abfolument néceffaire de remédier aux déréglemens des Financiers ,
autrement ils cauferoient enfin la ruine du Royaume qui change tellement
de face par leurs voleries , que fi on
n'en arrêtoit le cours , dans peu de tems
il ne feroit plus reconnoiffable.

L'or & l'argent dont ils regorgent
leur donne l'alliance des meilleures
Maifons du Royaume , qui s'abâtar-
diffent par ce moyen , & ne produifent
plus que des hommes auffi éloignés de la
générofité de leurs ancêtres , qu'ils le
font fouvent de la reffemblance de leurs
vifages ; je puis dire pour l'avoir vu ,
qu'en beaucoup d'occafion leur négligence ou leur malice a beaucoup préju-
dicié aux affaires publiques.

Après avoir bien penfé à tous les remédes des maux dont ils font caufe ,
j'ofe

j'ose dire qu'il n'y en a point de meilleur que de les réduire au moindre nombre qu'il sera possible, & faire servir
par Commission aux occasions importantes, des gens de bien propres aux
emplois qui leur seront donnés, &
non des personnes qui étant pourvus
en titre, pensent en avoir un suffisant
pour voler impunément.

Il sera fort aisé dans une profonde
paix de supprimer beaucoup d'Officiers
de cette nature, & par ce moyen de délivrer l'Etat de ceux qui sans lui rendre aucun service, tirent toute sa substance en peu de tems.

Je sçai bien qu'on peut dire qu'on les
traite d'ordinaire comme des sangsues,
à qui l'on fait souvent avec un grain de
sel rendre tout le sang qu'elles ont suc-
cé, & comme des éponges qu'on laisse
remplir, parce qu'en les pressant on exprime tout le suc qu'elles avoient tiré
auparavant. Mais c'est un mauvais expédient à mon avis, & j'estime les traités & les compositions que l'on fait
quelquefois avec les Financiers un reméde pire que le mal ; puisqu'à proprement parler, c'est leur donner un titre
pour voler de nouveau dans l'espérance

ce d'une nouvelle grace , & que si par
ce moyen on tire quelque chose de leur
bourse , ils recouvrent non-seulement
le principal qu'ils ont donné , mais encore l'intérêt à bien plus haut prix que
celui de l'Ordonnance. Ce qui me fait
conclure , qu'outre certains Officiers
nécessaires , comme un Trésorier de
l'Epargne, un Receveur Général , deux
ou trois Trésoriers de France en chaque Généralité , & autant d'Elus aux
Élections dont on ne sçauroit se passer,
ce ne sera pas rendre un petit service à
l'Etat , si en désintéressant les particuliers , qui de bonne foi ont donné de
leur argent pour s'avancer par de tels
emplois selon le cours du tems , on supprime tout le reste. Sans ce reméde ,
quelque Réglement qu'on puisse faire,
il sera tout-à-fait impossible de cc*ferver l'argent du Roi , n'y ayant point
de croix , ni de supplices assez grands
pour empêcher que beaucoup d'Officiers de ce genre ne s'approprient une
partie de ce qui leur passera par les
mains.

Sec-

SECTION V.

Du Peuple.

TOUS les Politiques font d'accord que si les Peuples étoient trop à leur aise, il seroit impossible de les contenir dans les régles de leur devoir ; leur fondement est, qu'ayant moins de connoissance que les autres Ordres de l'Etat beaucoup plus cultivés, ou plus instruits, s'ils n'étoient retenus par quelque nécessité, difficilement demeureroient-ils dans les régles qui leur sont prescrites par la raison & par les loix.

Le raison ne permet pas de les exemter de toutes Charges, parce qu'en perdant en tel cas la marque de leur sujétion, ils perdroient aussi la mémoire de leur condition, & que s'ils étoient libres de tributs, ils penseroient l'être de l'obéissance.

Il les faut comparer aux mulets qui étant accoutumés à la charge, se gâtent par un long repos plus que par le travail ;

vail ; mais ainſi que ce travail doit être modéré , & qu'il faut que la charge de ces animaux ſoit proportionnée à leurs forces : il en eſt de même des ſubſides à l'égard des peuples , s'ils n'étoient modérés , lors même qu'ils ſeroient utiles au public , ils ne laiſſeroient pas d'être injuſtes.

Je ſçai bien que lorſque les Rois entreprennent des travaux publics , on dit avec vérité que ce que le peuple y gagne leur revient par le payement de la Taille ; de même peut on ſoutenir que ce que les Rois tirent du peuple lui retourne , & qu'il ne l'avance que pour le retirer, par la jouiſſance de ſon repos & de ſon bien , qui ne peut lui être conſervé , s'il ne contribue à la ſubſiſtance de l'Etat.

Je ſçai de plus , que pluſieurs Princes ont perdu leurs Etats & leurs Sujets pour n'entretenir pas les forces néceſſaires à leur conſervation , de peur de les charger ; & que certains Sujets ſont tombés en la ſervitude de leurs ennemis , pour vouloir trop de liberté ſous leur Souverain naturel ; mais il y a un certain point qui ne peut être outrepaſſé ſans injuſtice ; le ſens commun

appre-

apprenant à un chacun qu'il doit y avoir proportion entre le fardeau & les forces de ceux qui le supportent.

Cette proportion doit être si religieusement observée, qu'ainsi qu'un Prince ne peut être estimé bon, s'il tire plus qu'il ne faut de ses Sujets; les meilleurs ne sont pas toujours ceux qui ne levent jamais que ce qu'il faut.

Au reste, comme lorsqu'un homme étant blessé, le cœur qui s'affoiblit par la perte du sang qu'il répand, n'attire à son secours celui des parties basses, qu'après que la plus grande partie de celui des hautes est épuisée : ainsi aux grandes nécessités de l'Etat, les Souverains doivent autant qu'ils peuvent se prévaloir de l'abondance des riches, avant que de saigner les pauvres extraordinairement.

C'est le meilleur conseil que puisse prendre Votre Majesté, qui le pratiquera fort aisément, puisqu'elle peut tirer à l'avenir la principale subsistance de son Etat de ses Fermes Générales, qui intéressent plus les riches que les pauvres : en ce que ceux-ci dépensans moins, ils ne contribuent pas tant à ce qui en revient.

CHAPITRE

CHAPITRE V.

Qui confidére l'Etat en foi-même.

SECTION I.

Qui repréſente combien il eſt important que les diverſes Parties de l'Etat de-meurent chacune dans l'étendue de ſes bornes.

APRE'S avoir parlé féparément des divers Ordres dont l'Etat eſt compofé ; il ne me reſte quaſi rien à dire en gros, ſinon qu'ainſi qu'un tout ne ſubſiſte que par l'union des parties en leur ordre, & en leur lieu naturel, auſſi ce grand Royaume ne peut être floriſſant, ſi Votre Majeſté ne fait ſub-ſiſter les corps dont il eſt compofé en leur Ordre ; l'Egliſe tenant le premier lieu ; la Nobleſſe le ſecond, & les Of-ficiers qui marchent à la tête du peuple le troiſiéme.

Je dis hardiment ce fait, parce qu'il eſt auſſi important que juſte d'arrêter

le

le cours des entreprifes de certains Officiers, qui enflés d'orgueil, foit à caufe des grands biens qu'ils poffédent, ou
de l'autorité que leur donne l'emploi
de leurs Charges, font préfomptueux
jufqu'à tel point, que de vouloir avoir
le premier lieu, où ils ne peuvent prendre que le troifiéme. Ce qui eft tellement contre la raifon & contre le bien
de votre fervice, qu'il eft abfolument
néceffaire d'arrêter le cours de telles
entreprifes, puifqu'autrement la France ne feroit plus ce qu'elle a été, &
ce qu'elle doit être; mais feulement un
corps monftrueux, qui comme tel ne
pourroit avoir de fubfiftance ni de durée.

Comme c'eft une chofe très-certaine
que les élémens qui font capables de
poids, n'ont point de pefanteur lorfqu'ils font en leur lieu; c'eft chofe auffi
très-affurée qu'aucun des Ordres de
votre Etat ne fera à charge à l'autre,
lorfque chacun fera contraint d'être
en la place qu'il doit avoir par fa naiffance.

Et comme le feu, ni l'air, ni l'eau
ne peuvent foutenir un corps terref-
tre, parce qu'il eft pefant hors de fon
lieu,

lieu, il est certain, que ni l'Eglise, ni la Noblesse ne sçauroient supporter la Charge des Officiers, lorsqu'ils voudront être hors de leur place.

L'assurance que j'ai que Votre Majesté sçaura bien contenir chacun en ses bornes, fait que sans m'étendre davantage sur ce sujet, je passe à deux questions que je rapporte en ce Chapitre, parce qu'elles regardent également les trois divers Ordres de l'Etat.

SECTION II.

Qui examine s'il vaut mieux rendre les Gouvernemens triennaux en ce Royaume, que les laisser perpétuels selon l'usage qui a été pratiqué jusqu'à présent.

CHACUN estimera d'abord qu'il est meilleur de les rendre triennaux; mais quand on aura bien balancé l'utilité qui en peut revenir avec les incommodités qu'on en doit craindre; peut-être estimera-t'on, ainsi que je l'ai déja remarqué, que bien que la

nomi-

nomination aux Bénéfices ne ſoit pas ſi Canonique que les élections, ſon uſage toutefois eſt plus utile en ce tems pour beaucoup de raiſons : qu'ainſi encore que la ſuppreſſion de la vénalité ſoit à deſirer pour diverſes raiſons, on ne peut toutefois ne pas en tolérer l'uſage ſans tomber en beaucoup d'inconvéniens exprimés en leurs lieux.

Auſſi ne peut-on rendre les Gouvernemens des Provinces & des places triennaux, ſans s'expoſer à beaucoup plus d'inconvéniens, que ceux qui peuvent être appréhendés par l'établiſſement perpétuel des Gouverneurs.

Je ſçai bien qu'on peut dire que celui qui n'auroit un Gouvernement que pour trois ans, n'auroit probablement autre penſée que d'en ſortir avec réputation, & s'y conduire avec tant de retenue, que ſon adminiſtration fut préférée à celle de ſon Prédéceſſeur, au lieu que s'il en eſt aſſuré pour toute ſa vie, l'aſſurance de ſa Charge lui donne beaucoup de licence.

Mais il y a bien plus d'aſſurance que celui qui ſçaura n'être pas toujours en une Charge, en voudra tirer en peu de tems tout le profit qu'il en pourroit

                               K   eſpéefpérer pendant fa vie , que s'il en étoit affuré jufqu'à fa mort , & qu'il feroit à craindre qu'en la légéreté de notre Nation , il fe trouvât des efprits fi mal faits , que prévoyant la fin d'une adminiftration qui leur feroit agréable , ils fe réfoluffent à s'y perpétuer en recevant pour maîtres ceux qu'ils devroient tenir pour ennemis.

Si l'on met en avant la pratique d'Efpagne qui change fouvent les Gouverneurs, après avoir répondu qu'il n'y a rien de fi dangereux que ce Gouvernement ; par exemple , j'ajouterai qu'ainfi qu'il fe trouve des fruits dont l'ufage qui eft excellent en un Pays, eft un poifon en l'autre , de même il y a des établiffemens dont la pratique eft bonne en un Etat, qui feroit très-pernicieufe en d'autres.

On dira peut-être pour prévenir les objections qui peuvent fe faire contre l'ufage de l'Ordre d'Efpagne en ce Royaume , que ceux qui fortiront d'une Charge , après que le tems de leur adminiftration fera paffé , n'auront pas fujet d'être mécontens, puifqu'ils feront employés en d'autres, qui fouvent fe trouveront meilleurs; mais il se rencontrera en la pratique d'un tel ordre de si grandes difficultés, qu'il sera impossible de les surmonter.

Tel qui sera propre à être Gouverneur en Picardie , parce qu'il sera né en cette Province-là, ne sera pas bon pour être employé dans la Bretagne , où il n'aura aucune habitude , & où la Charge qu'on lui voudroit donner , ne lui sçauroit fournir les moyens de subsister.

Les Gouvernemens en France sont presque tous si peu utiles, que si on ne les donne à des Personnes qui les souhaitent plus pour l'honneur & pour la commodité de leur voisinage que pour autre considération ; il s'en trouve peu qui en puissent supporter la dépense ; & il n'y a pas dans les Provinces assez de gens pour faire les changemens qu'il faudra faire, si les emplois sont rendus triennaux.

Telles mutations sont non-seulement praticables , mais absolument nécessaires aux grandes Charges d'Espagne , comme en celles des Vices-Rois de Naples, de Sicile, de Sardaigne, au Gouvernement de Milan, & autres emplois de pareille considération ; & toutes ap-

 portent

portent tant d'utilité à ceux qui les poffédent , qu'en quittant l'abondance des
uns , on rentre dans l'opulence des autres.

Les lieux éloignés de la demeure des
Princes , requierent changement de
Gouverneurs aux Charges auffi Puiffantes que le font celles dont je viens
de parler ; parce qu'une plus longue demeure que celle de trois ans , pourroit
donner moyen d'y former d'affez fortes
habitudes pour s'y établir pour toujours ; vu principalement que l'ambition des hommes eft fi puiffante , que
pour peu qu'un efprit foit déréglé , il
ne lui fera pas difficile de laiffer emporter fa penfée à changer fa condition
de Sujet en celle de Maître.

Mais ce n'eft pas de même en France , dont les Gouverneurs ne font pas
affez éloignés de la demeure des Rois ,
pour qu'on puiffe craindre un tel inconvénient , ni les Charges affez puiffantes , pour donner affez d'autorité
pour s'en rendre les maîtres.

Auffi pourvu que Votre Majefté &
fes Succeffeurs fe réfervent le pouvoir
de changer les Gouvernemens comme
bon leur femblera au moindre fujet
qu'ils

qu'ils en auront , ce qu'ils pourront toujours avec justice , si la vénalité en étant abolie , ils les donnent gratuitement : je ne crains point de dire qu'il vaut mieux demeurer sur ce point-là en la pratique de la France , qu'imiter celle d'Espagne ; laquelle cependant est si politique & si raisonnable eu égard à l'étendue de sa domination , que bien qu'elle ne puisse être utilement pratiquée en ce Royaume , on doit à mon avis , s'en servir aux lieux dont la France se conservera la Possession en Lorraine & en Italie.

Section III.

Qui condamne les Survivances.

LEs survivances dont il s'agit en ce lieu , sont accordées ou contre le gré des possesseurs des Charges , ou de leur consentement.

Il n'y a personne qui ne reconnoisse qu'il est tout-à-fait injuste de donner un successeur à un homme vivant , contre son gré , vu que par ce moyen sa

K 3   vie

vie eſt expoſée aux artifices de celui qui doit profiter de ſa mort, & que la crainte qui peut juſtement ſaiſir ſon eſprit lui eſt une mort avancée.

Cette pratique qui a eu par le paſſé un grand cours dans le Royaume en eſt maintenant bannie. Elle eſt ſi dangereuſe que les Conciles & diverſes Conſtitutions des Princes temporels la condamnent auſſi-bien que la raiſon.

Le conſentement des poſſeſſeurs ne peut mieux juſtifier cet uſage, en ce que quelque confiance qu'ils puiſſent avoir en ceux qui leur ſont donnés pour Succeſſeurs, ils y ſont ſouvent trompés; étant impoſſibles de contenter en un Etat chacun par bienfaits, il eſt important au moins de laiſſer l'eſpérance à ceux à qui on ne peut donner mieux. Ce qui ne ſe peut faire ſi les Charges, les Offices & les Bénéfices ſont ſouvent aſſurés à des enfans, qui au comble de leur mérite & de leur âge, n'oſeroient peut-être penſer à parvenir aux honneurs & aux grades qu'on leur a donnés au berceau.

Telles graces qui intéreſſent grandement l'Etat, n'obligent quaſi point les particuliers. Celui ne penſe pas
qu'on

qu'on lui donne ce dont il voit son pere ou un autre parent en possession, il croit que l'assurance qu'on lui en procure est plutôt un droit d'hérédité qu'un effet de la bonté du Prince.

Encore que le bien de l'Etat requiere qu'en la Promotion qu'on fait aux Charges, on considére plus le mérite des Sujets qui y sont élevés que toute autre chose ; en ce qui est des survivances, on a plus d'égard au service de celui qui demande un Successeur, qu'à ceux que peut rendre celui qni succéde. La faveur des uns tient souvent en telles occasions lieu de mérite pour les autres, qui n'ont aucun titre qui les recommande que celui de leur importunité.

Partant je conclus que le moins qu'on peut accorder de telles graces, c'est assurément le meilleur : & qu'il seroit encore plus utile de n'en donner aucune ; parce que quelque considération particuliere qu'on puisse alléguer, la conséquence est dangereuse en des Etats, où les exemples ont souvent plus de force que la raison.

Si quelqu'un remarque que je condamne en cet article une chose dont j'ai souffert la pratique même à l'en-

K 4　　　droit

droit des miens , * il demeurera je m'assure fort satisfait , si l'on considére que tandis qu'un désordre a cours sans qu'on y puisse apporter de reméde ; la raison veut qu'on en tire de l'ordre : ce que j'ai pensé faire en conservant des Charges établies par mes soins à ceux que je pouvois plus étroitement obliger à suivre mes intentions & mes traces ; si dans le trouble d'un régne agité de diverses tempêtes , j'eusse pu faire établir le réglement que je propose , j'en eusse été très-religieux Observateur.

CHAPITRE VI.

Qui représente au Roi ce qu'on estime qu'il doit considérer à l'égard de sa Personne.

DIEU , étant le principe de toutes choses , le Souverain Maître des Rois , & celui seul qui les fait regner

heu-

(* Quand le Cardinal a été pourvu de la Charge de la Mer , le Commerce étoit quasi entierement ruiné , & le Roi n'avoit pas un Vaisseau.)

reufement , fi la dévotion de Votre
Majefté n'étoit connue de tout le monde , je commencerois ce Chapitre, qui
concerne fa Perfonne , en lui repréfentant, que fi elle ne fuit les volontés
de fon Créateur , & ne fe foumet à fes
Loix, elle ne doit point efpérer de faire
obferver les fiennes , & de voir fes Sujets obéiffans à fes ordres.

Mais ce feroit une chofe fuperflue
d'exhorter Votre Majefté à la dévotion;
elle y eft fi portée par fon inclination ,
& fi confirmée par l'habitude de fa vertu , qu'il n'eft pas à craindre que jamais
elle s'en fépare.

C'eft ce qui fait qu'au lieu de lui repréfenter les avantages que les Princes
Religieux ont par-deffus les autres ,
je me contente de mettre en avant ,
que la dévotion , qui eft néceffaire aux
Rois , doit être exemte de fcrupule :
Je le dis, SIRE , parce que la délica-
teffe de la confcience de Votre Majefté,
lui fait fouvent craindre d'offenfer
DIEU , en faifant certaines chofes ,
dont affurément elle ne fçauroit s'abftenir fans péché.

Je fçais bien que les défauts des Princes , qui font de cette nature , font

 beau-

beaucoup moins dangereux pour les Etats que ceux qui panchent vers la préfomption , & le mépris de ce qu'ils doivent révérer. Mais puifqu'ils portent le nom de défaut, il les faut corriger, principalement s'il eft vrai, comme il eft très certain , qu'il en peut arriver beaucoup d'inconvéniens préjudiciables à l'Etat.

Je la fupplie , en cette confidération, de vouloir fe fortifier de plus en plus contre les fcrupules , fe remettant devant les yeux qu'elle ne peut être coupable devant Dieu , fi elle fuit (aux occafions qui fe préfenteront de difficile difcuffion pour ce qui regarde fa confcience) l'avis de fon Confeil , confirmé par celui de quelques bons Théologiens non fufpects au fait dont il s'agira.

Ce premier fondement pofé , rien n'étant plus néceffaire au bien des affaires de Votre Majefté, que la confervation de fa fanté , il m'eft impoffible de ne pas retomber fur un fujet fi important.

Les foigneufes & diligentes obfervations que j'ai faites de tout ce qui la touche , me font dire hardiment , que
rien

rien n'eſt requis à une fin ſi importante, que ſa propre volonté, qui cependant eſt le plus puiſſant ennemi qu'elle puiſſe avoir en ce ſujet ; en ce que ſouvent il n'y a pas peu de peine à faire vouloir aux Princes, ce qui leur eſt non-ſeulement utile, mais tout-à-fait néceſſaire.

L'eſprit de Votre Majeſté dompte ſi abſolument ſon corps, que la moindre de ſes paſſions faiſit ſon cœur, & trouble toute l'œconomie de ſa Perſonne : pluſieurs expériences m'ont fait connoître cette vérité ſi certaine, que je ne l'ai jamais vue malade par autre principe.

Dieu a fait cette grace à Votre Majeſté de lui donner la force de ſupporter avec fermeté, ce qui la pourroit plus intéreſſer aux affaires de plus grande importance ; mais pour contrepoids de cette plus grande qualité, il a permis qu'elle fût ſi ſenſible, en ce qui la touche en de moindres ſujets, que des choſes qui ne ſemblent pas d'abord lui pouvoir déplaire, l'altérent de telle ſorte, qu'il eſt impoſſible de la ſoulager en telles occaſions, ainſi qu'on le voudroit : le tems qui donne lieu aux

fu-

fumées, qui fuprennent les fens, de s'évaporer, a été jufqu'à préfent le feul reméde à tels maux en Votre Majefté qui ne s'en eft jamais trouvée faifie, qu'auffi-tôt elle ne l'ait été de quelque indifpofition corporelle.

Elle eft en cela femblable à ceux, qui méprifant les coups d'épée, par la grandeur de leur courage, ne peuvent, par une certaine antipathie naturelle, fupporter la picquure d'une faignée.

S'il étoit impoffible à tous les hommes de prévenir par raifon les furprifes qu'ils reçoivent de leurs paffions, j n'eftimerois pas pourtant qu'il le fût à Votre Majefté, qui a beaucoup d'excellentes qualités que n'ont pas les autres.

Et partant je crois que les premiers bouillons de votre ardente jeuneffe étant paffés, le flegme d'un âge plus mûr lui donnera lieu de fe garantir à l'avenir par raifonnemens, d'un ennemi d'autant plus dangereux, qu'il eft interne & domeftique, & qui lui a fait tant de mal, particuliérement deux ou trois fois, que peu s'eft fallu qu'il ne lui ait ôté la vie.

Comme c'eft une chofe importante à
votre

votre santé, elle l'est aussi à votre réputation & à votre gloire, qui ne peut souffrir que ce qui n'est rien dans la raison, soit beaucoup dans vos sentimens, qui la doivent suivre en toutes choses.

Je ne puis encore que je ne réïtere à ce propos, une supplication que j'ai plusieurs fois faite à V. M. la conjurant d'appliquer son esprit aux grandes choses importantes à son Etat, & de méprifer les petites, comme indignes de ses soins & de ses pensées.

Il lui sera utile & glorieux de repasser souvent dans son esprit les desseins les plus considérables, que le cours des affaires mettra sur le tapis, & tant s'en faut qu'elle puisse tirer aucun avantage de s'occuper trop au détail de celles qui ne font pas de cette nature, qu'au contraire elle en recevroit beaucoup de préjudice, nonseulement en ce que telles occupations la divertiroient d'autres meilleures, mais parce qu'aussi les petites épines étant plus capables de piquer que les grandes, qui s'apperçoivent aisément, il lui feroit impossible de se garantir de beaucoup de chagrins inutiles aux affaires, & fort contraires à la santé   Les

Les grandes inquiétudes dont j'ai vû son esprit agité en diverses occasions, m'obligent à lui repréfenter en ce lieu ce que j'ai fait en plufieurs rencontres, qu'ainfi que certains foins font nécef-faires pour bien faire fes affaires ; il y en a qui ne peuvent produire autre effet, que l'altération de la bonne difpofition de celui qui le prend avec trop de chaleur, & un tel étonnement à ceux qui fervent, que le trouble de leur efprit les rend moins propres à faire ce qu'on veut d'eux.

L'expérience que vingt-cinq ans de Regne & de Gouvernement donne à V. M. ne lui permet pas d'ignorer qu'aux grandes affaires, les effets ne répondent jamais à point nommé, aux ordres qui ont été donnés ; elle lui apprend auffi qu'elle doit plutôt compatir à ceux à qui elle commet l'exécution de fes volontés, fi leur travail ne fuccéde pas à fouhait, que de leur imputer les mauvais évenemens dont ils ne font pas coupables.

Il n'y a que Dieu qui puiffe rendre fes réfolutions infaillibles, & cependant fa bonté eft telle, que laiffant agir les hommes felon leur foibleffe, il

fouffre

souffre la différence qu'il y a entre leurs événemens & ses dispositions ; ce qui apprend aux Rois à souffrir par raison , avec patience , ce que leur créateur n'endure que par sa bonté.

V. M. étant d'un naturel délicat , d'une santé foible , d'une humeur inquiette & impatiente , comme elle est par sa constitution naturelle , particuliérement lorsqu'elle est dans une Armée dont elle prend la conduite, je penserois commettre un crime si je ne la suppliois d'éviter à l'avenir la guerre , autant qu'il lui sera possible ; ce que je fais sur ce fondement , que la légéreté & l'inconstance des François ne peut être vaincue que par la présence de leur maître , & que V. Majesté ne peut sans s'exposer à sa perte , s'attacher à un dessein de si longue durée , ni par conséquent en espérer un bon succès.

Elle a fait assez connoître sa valeur & sa force par ses armes, pour ne penser à l'avenir qu'à jouir du repos qu'elle a acquis au Royaume par ses travaux passés , se tenant en état de le défendre de tous ceux, qui contre la foi publique , voudroient l'offenser de nouveau.

Etant chose assez ordinaire à beaucoup

coup d'hommes, de n'avoir point d'action, que lorſqu'ils ſont animés de quelque paſſion, ce qui les fait conſidérer comme l'encens, qui ne ſent jamais bon que lorſqu'il eſt dans le feu, je ne puis que je ne diſe à V. M. que cette conſtitution dangereuſe à toute ſorte de perſonne, l'eſt particuliérement aux Rois, qui doivent plus que tous les autres agir par raiſon.

Et en effet, ſi la paſſion porte une fois au bien, ce n'eſt que par hazard, puiſque par ſa nature elle en détourne tant, qu'elle aveugle ceux en qui elle eſt, & qu'encore qu'un homme privé de vue, rencontre quelquefois un bon chemin, c'eſt une merveille s'il ne ſe fourvoye, & s'il ne tombe tout-à-fait, & il ne ſçauroit s'exemter de broncher pluſieurs fois ſans un bonheur extraordinaire.

Il eſt arrivé tant de maux aux Princes & à leurs Etats, lorſqu'ils ont plutôt ſuivi leurs ſentimens que la raiſon, & qu'au lieu de ſe conduire par la conſidération des intérêts publics, leurs paſſions ont été leurs guides, qu'il eſt impoſſible de ſupplier V. M. d'y faire ſouvent réflexion, pour ſe confirmer de

plus

plus en plus en ce qu'elle a toujours
pratiqué au contraire.

Je la supplie de repasser aussi souvent
en sa mémoire, ce que je lui ai représenté plusieurs fois, qu'il n'y a point
de Prince en si mauvais état que celui
qui ne pouvant pas toujours faire par
soi - même les choses à quoi il est obligé, a de la peine à souffrir qu'elles
soient faites par autrui, & qu'être capable de se laisser servir, n'est pas une
des moindres qualités que puisse avoir
un grand Roi, puisque sans cela les
occasions sont souvent plutôt écoulées,
qu'on ait pu se disposer à les prendre,
& par ce moyen, on perd des tems favorables à l'avancement de l'Etat, pour
des sujets de nulle considération.

Le feu Roi votre pere étant en une
extrême nécessité, payoit ses serviteurs
de bonnes paroles, & leur faisoit faire
par ses caresses, les choses à quoi sa nécessité ne lui permettoit pas de les porter par d'autres voies.

V. M. n'étant pas de cette constitution, a une sécheresse naturelle, qu'elle tire de la Reine sa mere, ainsi qu'elle-
même lui a dit plusieurs fois en ma
présence, l'empêchant de suivre en ce
sujet

sujet les traces du feu Roi : je ne puis
que je ne lui remette devant les yeux,
que son service requiert qu'elle fasse
du bien à ceux qui la servent, & qu'au
moins est-il raisonnable qu'elle prenne
un soin particulier de ne rien dire qui
les puisse désobliger.

Ayant à traiter ci-après de la libéralité que doivent avoir les Princes, je
n'en dirai pas davantage en ce lieu,
mais je m'étendrai sur les maux qui arrivent à ceux qui parlent trop librement
de leurs sujets.

Les coups d'épée se guérissent aisément, mais il n'est pas de même de
ceux de la langue , particuliérement
par celles des Rois , dont l'autorité
rend les coups presque sans reméde ,
s'il ne vient d'eux-mêmes.

Plus une pierre est jettée de haut,
plus fait-elle d'impression où elle tombe ; tel ne se soucieroit pas d'être per-
cé à jour par les armes ennemies de son
maître , qui ne peut souffrir une égrati-
gneure de sa main.

Ainsi que la mouche n'est pas pâture
de l'aigle , que le lyon méprise les animaux qui ne sont pas de sa force ; qu'un
homme qui s'attacheroit à un enfant ,

feroit

feroit blâmé de tout le monde ; ainfi
oferai-je dire que les Grands Rois ne
doivent jamais entreprendre de paroles des particuliers qui n'ont point de
proportion à leur grandeur.

L'hiftoire eft pleine de mauvais événemens qui font arrivés par la liberté
que les Grands ont autrefois donnée à
leur langue , au préjudice des perfonnes qu'ils eftimoient de nulle confidération.

Dieu a fait cette grace à V. M. que
de fon naturel elle n'eft pas portée à
faire mal , & partant il eft raifonnable
qu'elle regle tellement fes paroles ,
qu'elles ne faffent aucun préjudice.

Je fuis affuré que de propos délibéré
elle ne tombera point dans cet inconvénient; mais étant difficile de retenir
fes premiers mouvemens & fes fubites
agitations d'efprit , qui l'emportent
quelquefois fi on n'y prend garde de
bien près , je ne ferois pas fon ferviteur fi je ne l'avertiffois que fa réputation & fes intérêts requierent qu'elle
en ait un foin particulier , vu même
que telle liberté de langue qui ne pourra bleffer fa confcience , ne laiffera pas
de nuire beaucoup à fes affaires.

Ainfi

Ainſi que, bien parler de ſes ennemis, eſt une vertu héroïque , un Prince ne peut parler licentieuſement de ceux qui voudroient mettre mille vies pour lui & pour ſon ſervice , ſans commettre une faute notable contre la Loi des Chrétiens , & contre celle de toute bonne politique.

Un Roi qui a les mains nettes , le cœur pur & la langue innocente n'a pas peu de vertu , & qui a ces deux premieres qualités en éminence , comme V. M. peut avec beaucoup de facilité acquérir la troiſiéme.

S'il eſt de la grandeur des Rois d'être ſi retenus en leurs paroles, qu'il ne ſorte rien de leur bouche qui puiſſe offenſer les particuliers ; il eſt nonſeulement de leur prudence de ne rien dire au déſavantage des principales Compagnies de leur Etat ; ils doivent de plus parler enſorte qu'elles ayent occaſion de croire être affectionnées d'eux , les plus importantes affaires de l'Etat obligent ſi ſouvent à les choquer pour le bien public , que la prudence veut qu'on les contente aux choſes qui ne ſont pas de cette nature.

Ce n'eſt pas aſſez aux Grands Princes

ces de n'ouvrir jamais la bouche pour mal parler de qui que ce puisse être, mais la raison requiert qu'ils ferment les oreilles aux médisances & faux rapports, & qu'ils chassent & bannissent ceux qui en sont auteurs, comme pestes très-dangereuses, qui empoisonnent les Cours & les cœurs des Princes, & l'esprit de tous ceux qui les approchent ; si ceux qui ont libre accès aux oreilles des Rois, sans le mériter, sont dangereux, ceux qui en possédent le cœur par pure faveur, le font bien davantage, puisque pour conserver un tel trésor, il faut par nécessité que l'art & la malice suppléent au défaut de vertu, qui ne se trouve pas en eux.

Je ne puis que je ne dise à ce propos, que j'ai toujours plus appréhendé pour V. M. le pouvoir de telles gens, que la puissance de plus Grands Rois du monde, & qu'Elle a plus à se garder de l'artifice d'un valet qui la veut surprendre, que de toutes les factions que les Grands pourroient former en son Etat, quand même ils butteroient tous à une même fin.

Lorsque je suis entré dans les affaires, ceux qui avoient eu l'honneur de

la

la fervir auparavant , tenoient pour conftant , qu'entre faire un rapport à leur préjudice , & le perfuader à V. M. il n'y avoit point de différence , & fur ce fondement le principal foin étoit d'avoir toujours de leurs confidens auprès d'Elle , pour fe garantir du mal qu'ils avoient à craindre.

Bien que l'expérience que j'ai faite de la fermeté de V. M. en mon endroit , m'oblige de reconnoître, ou que le jugement qu'il faifoient étoit mal fondé, ou que les réflexions que le tems lui a fait faire fur moi-même , lui ont ôté cette facilité de fa premiere jeuneffe ; je ne laiffe pas de la conjurer de s'affermir de telle forte en la conduite dont il lui a plu ufer envers moi , que perfonne n'en puiffe appréhender une contraire.

Enfuite je ne puis que je ne lui dife , qu'ainfi que les oreilles des Princes doivent être fermées aux calomnies , auffi doivent-elles être ouvertes aux vérités utiles à l'Etat, & que comme la langue doit être immobile pour ne rien dire au préjudice de la réputation d'autrui, auffi doit-elle être libre & hardie à parler lorfqu'il eft queftion des intérêts publics.   Je

Je remarque ces deux points , parce
que j'ai souvent observé que ce n'étoit
pas une petite croix à V. M. de se donner la patience d'écouter ce qui même
lui étoit le plus important ; & que lorfque le bien de ses affaires l'obligeoit à
faire connoître ses volontés , non-seulement aux grands , mais encore aux
petits, & aux personnes de médiocre
condition , Elle n'avoit pas peu de peine à s'y résoudre , quand elle prévoyoit
qu'elles ne leur seroient pas agréables.

J'avoue que cette crainte est un témoignage de bonté , mais pour n'être
pas flateur , je ne puis que je ne lui
dise que c'est aussi un effet de quelque
foiblesse , qui pouvant être tolérable
dans un particulier , ne le peut être
dans un Roi , vu les inconvéniens qui
en peuvent arriver.

Je ne mets point en ligne de compte
qu'un tel procédé rejetteroit toute l'envie & la haine des résolutions sur le
Conseil de V. M. parce que ce seroit
peu de chose , si les affaires pouvoient
bien aller à ce prix; mais ce qui est à considérer , est qu'il se trouve souvent des
occasions , où quelque autorité qu'ait
un Ministre , elle ne peut être assez

grande

grande pour produire certains effets qui requiérent la voix d'un Souverain, & une puiſſance abſolue.

D'ailleurs ſi une fois les Grands ſe perſuadent qu'une mauvaiſe honte empêche un Roi de faire l'Office de Roi, en commandant abſolument, ils prétendront toujours obtenir par importunité le contraire de ce qui aura été ordonné par raiſon, & enfin leur audace pourroit venir à tel point, que connoiſſant que leur Prince appréhenderoit de faire le maître, ils ſe laſſeroient de faire les ſujets.

Il faut avoir une vertu mâle, & faire toutes choſes par raiſon, ſans ſe laiſſer aller à la pente de ſes inclinations, qui portent ſouvent les Princes en de grands précipices, ſi celles qui leur bandant les yeux les portent aveuglément à faire ce qu'il leur plaît, ſont capables de produire le mal lorſqu'ils les ſuivent avec trop peu de retenue; les averſions naturelles qu'ils prennent quelquefois ſans ſujet en peuvent cauſer davantage, ſi la raiſon ne les tempere, ainſi qu'il eſt à déſirer.

En quelques occaſions V. M. a eu beſoin de ſa prudence pour ſe retenir

dans

dans le penchant de ces deux paſſions;
mais plus encore en la derniere qu'en
la premiere, puiſqu'il eſt plus aiſé de
faire du mal, ſuivant ſon averſion, ce
qui ne requiert autre choſe en un Roi
qu'un commandement, que de faire
du bien ſuivant ſon inclination, ce qui
ne ſe peut ſans ſe dépouiller du ſien
propre, à quoi beaucoup de perſonnes
n'ont pas peu de peine à ſe réſoudre.

Ces deux mouvemens ſont contraires aux eſprits des Rois, principalement ſi faiſant peu de réflexion ſur
eux, ils ſuivent plus ſouvent leur inf-
tinct que leur raiſonnement.

Ils les portent quelquefois à prendre
parti aux diviſions qui ſe rencontrent
d'ordinaire dans les Cours entre des
particuliers, dont j'ai vu arriver de
grands inconveniens, leur Dignité les
oblige à ſe réſerver pour celui de la raiſon, qui eſt le ſeul qu'ils doivent épou-
ſer en toutes ſortes de rencontres; ils
ne peuvent en uſer autrement ſans ſe
dépouiller de la qualité de Juges & de
Souverains, pour prendre celle de parties, & ſe rabaiſſer en quelque maniere
à la condition de particuliers.

Ils expoſent par ce moyen leur Etat

à beaucoup de cabales & de factions
qui se forment ensuite ; ceux qui ont
à se défendre de la puissance d'un Roi,
connoissent trop bien qu'ils ne le peuvent faire par la force, pour avoir d'autres pensées que de s'en garantir par intrigues , par artifices & par menées ,
qui causent souvent de grands troubles
dans les Etats.

La sincérité que doit avoir un homme qui fait un testament , ne permet
pas à ma plume de finir cette section
sans faire une confession aussi véritable
qu'elle est avantageuse pour la gloire de
V. M. puisqu'elle fera foi à tout le
monde , que la Loi de Dieu a toujours
été une borne capable d'arrêter la violence de quelque inclination ou aver-
sion qui puisse avoir surpris son esprit,
qui sujet aux plus légers défauts des
hommes , a toujours , graces à Dieu ,
été exemt des plus notables imperfections des Princes.

CHA-

CHAPITRE VII.

Qui fait voir l'état présent de la Maison du Roi, & met en avant ce qui semble nécessaire pour la mettre en celui auquel elle doit être.

L'ORDRE des Arts & de toute la bonne discipline, veut qu'on commence toujours son travail par ce qui s'y trouve de plus aisé.

Sur ce fondement la premiere chose que fait un Architecte qui veut entreprendre un grand édifice, est d'en faire un modele, où les proportions soient si bien observées, qu'il lui serve de mesure & de pied pour son grand dessein; & s'il ne peut venir à bout de ce projet, il se départ de son entreprise, le sens commun faisant connoître aux plus grossiers, que celui à qui le moins n'a pas été possible, est entiérement incapable du plus.

En cette considération les esprits mêmes médiocres reconnoissans qu'ainsi que la structure de l'homme est un

ra-

racourci de celle du grand monde, aussi
les familles particulieres sont les vrais
modéles des Etats & des Républiques, &
chacun tenant pour chose très-certaine
que celui qui ne peut ou ne veut pas
régler sa maison, n'est pas capable d'apporter un grand ordre à un Etat ; la
raison vouloit que pour parvenir à la
réformation de ce Royaume , on com-
mençât par celle de la Maison de V. M.

Cependant je confesse que je n'ai jamais osé l'entreprendre , parce que la
bonté de V. M. ayant toujours eu aver-
sion des ordres qu'Elle estimoit de petite conséquence , lorsqu'ils ont intéressé quelques particuliers , on ne pouvoit se proposer un tel dessein sans choquer ouvertement son inclination , &
l'intérêt de beaucoup de gens , qui
étant continuellement auprès d'Elle
dans une grande familiarité , eussent
pu la détourner des ordres les plus nécessaires à son Etat , pour empêcher
ceux de sa Maison dont le déréglement
leur étoit utile.

Mais comme un Testament met au
jour beaucoup d'intentions que le Tes-
tateur n'avoit osé divulguer pendant sa
vie , celui-ci conviera V. M. à la ré-
for

formation de sa Maison qui a été omise, tant pour ce que bien qu'elle sem-
blât plus aifée que celle de l'Etat, elle
étoit en effet plus difficile, que parce
qu'aussi la prudence oblige à souffrir en
certaines occasions de légeres pertes
pour gagner en beaucoup d'autres.

Comme c'est une chose connue de
tout le monde qu'il n'y a jamais eu de
Roi qui ait porté plus haut la Dignité
de son Etat que V. M. aussi ne peut-
on nier qu'il n'y en a jamais eu qui ait
laissé ravaler si bas le lustre de sa Maison.

Les Etrangers qui sont venus en
France de mon tems, se sont souvent
étonnés de voir un Etat si rélevé, &
une Maison si abaissée.

En effet elle est insensiblement déchue jusqu'à ce point, que tel y a possedé des premieres Charges, qui pendant le Regne de vos prédécesseurs
n'eût osé penser aux médiocres; toutes
choses y ont été en confusion depuis la
cuisine jusqu'au cabinet.

Au lieu que du tems du Roi votre
pere, les Princes, les Officiers de la
Couronne & tous les Grands du Royaume mangeoient d'ordinaire à vos ta-
L 3   bles;

bles ; elles ont en votre tems semblé
n'avoir été établies que pour des Valets
& de simples Chevaux-Légers ou Gens
d'Armes ; encore ont-elles été si mal
servies, qu'il s'en est trouvé d'assez délicats pour les méprifer, au lieu de les
chercher avidement.

En celles de votre personne, les E-
trangers ont souvent trouvé à redire,
étant servies par de simples & sales
marmitons, au lieu que celles des autres Rois ne le font que par des Gentilshommes.

Je sçai bien que cette coutume n'est
pas introduite de votre tems, mais
pour être ancienne elle n'en est pas plus
tolérable, si elle est tout-à-fait éloi-
gnée de la Dignité & de la Grandeur
d'un si grand Prince.

Je sçai bien encore que cette pratique a été soufferte jufqu'à présent, sous
prétexte de la sureté de Rois, disant
qu'il est impossible aux Officiers de répondre de ce qu'ils ont fait, s'ils n'en
font eux-mêmes porteurs, & s'ils ne le
voyent porter à V. M.

Mais cette raison me semble peu
considérable, n'y ayant pas d'apparence
qu'un marmiton soit plus fidéle à son
maître,

maître, qu'un Gentilhomme, qui e
diverses autres occasions le pourroi
trahir s'il en avoit la volonté.

Quatre-vingt jeunes Gentilshommes que V. M. nourrit, Pages, ou de sa Chambre ou de ses Ecuries, seront bien mieux employés à ce service, qu'à en rendre simplement à ses premiers Gentilshommes ou à ses Ecuyers qui les commandent, si mieux ils n'aiment les mettre dans leur bourse, & sans doute le faisant avec plus de dignité, ils ne s'en acquitteront pas avec moins de fidélité.

La netteté bien séante en tous lieux, est à plus forte raison requise en la Maison des Rois; l'opulence des meubles y est d'autant plus nécessaire, que les Etrangers ne conçoivent la grandeur des Princes, que par ce qui en paroît à l'extérieur; & cependant bien que V. M. en ait nombre, & de beaux & de riches qui se perdent aux lieux où ils doivent être conservés; souvent on en a vu dans sa chambre de tels que ceux qui en doivent profiter quand Elle les quitte, n'ont pas voulu s'en servir après Elle.

L'entrée de votre cabinet à été per-

L 4   mise

mife à tout le monde, non-feulement
au préjudice de votre Dignité, mais
qui plus eft, au mépris de la fureté de
votre Perfonne.

Les Ambaffadeurs fe font fouvent
trouvés plus preffés de Valets de Pied,
de Pages & autres menus Officiers, que
de Grands de votre Etat en leur Audience ; & cependant votre Dignité &
l'ancienne coutume du Royaume, veulent qu'en telles occafions V. M. foit
accompagnée des Princes, des Ducs &
Pairs, des Officiers de fa Couronne &
autres Grands de fon Etat.

Je fçai que divers Royaumes ont diverfes coutumes, qu'en Efpagne les
plus Grands voyent leur Roi plus fouvent qu'en Angleterre ; l'ordre y eft fi
bien établi fur ce fujet, que toutes les
portes étant ouvertes, on ne voit dans
les chambres & dans les cabinets que
ceux à qui l'entrée en eft libre par leurs
Dignités & par leurs Charges.

Je fçai de plus que c'eft un Privilége
de ceux qui portent votre Couronne,
d'être preffés de leurs fujets, mais il
doit y avoir cette diftinction, que pour
l'ordinaire ce doit être de votre Nobleffe, & en l'occafion de recevoir des

Etran-

Etrangers , des perſonnes qualifiées qui ſont en aſſez grand nombre en votre Etat , pour en faire remarquer la grandeur & la ſingularité par cette prérogative.

En un mot, le déſordre eſt ſi univerſel en toute la Maiſon de V. M. qu'il n'y a point de Charge particuliere qui en ſoit exemte.

Bien que tous les Grands Princes ſoient ſoigneux d'avoir un équipage de grands Chevaux convenables à leur Grandeur , V. M. n'en a jamais eu un dans ſa grande Ecurie , dont Elle eût pu ſe ſervir dans une occaſion , encore qu'Elle y faſſe plus de dépenſe que ne firent jamais ſes prédéceſſeurs.

Il me ſeroit aiſé de ſpécifier beaucoup d'autres défauts non moins remarquables que celui-ci , mais je n'entrerai point dans le détail d'un déréglement ſi général , tant parce qu'il ſeroit trop difficile de le faire ſans deſcendre trop bas pour la dignité de cet ouvrage, que parce qu'il ſuffit de connoître un mal ſans le publier , pour en preſcrire les remédes ; je ſatisferai à ce que je dois , ſi je propoſe à V. M. le vrai moyen d'apporter autant de luſtre dans ſa maiſon,

L 5   qu'il

qu'il y a maintenant de baffeffe & de défordres.

La premiere chofe qui eft néceffaire à cette fin, eft que V. M. veuille fortement cette réformation, étant certain qu'aux affaires de cette nature, il eft de la volonté des Rois comme de celle de Dieu au regard des chofes les plus difficiles, aufquelles le vouloir & le faire eft une même chofe.

La feconde eft qu'il lui plaife à l'avenir ne remplir plus les premieres Charges de fa Maifon que de perfonnes de naiffance qui ayent toutes les qualités requifes pour s'acquitter dignement de leur emploi.

Pour grand que foit un Officier il s'appliquera aux moindres dépendances de fa Charge, s'il en eft capable, parce qu'il les jugera de conféquence, comme elles le font en effet.

Si les Maîtres d'Hôtel, par exemple, n'ont un foin particulier de faire nettoyer foir & matin les lieux où l'on mange auffi-tôt que les tables font levées, ils manqueront à une chofe des plus néceffaires de leur Charge.

Il en faut dire autant de tous les Officiers principaux, & particuliérement

des

des premiers Gentilshommes de votre Chambre qui doivent être foigneux de faire tenir tout l'appartement de V. M. fi propre & fi net, que ce ne fera pas trop de le faire nettoyer & parfumer trois ou quatre fois le jour, à caufe du grand abord des gens qu'on n'y fçauroit éviter, lors même qu'il fera le plus réglé.

Pourvu qu'un chacun foit propre en fa Charge, tout ira comme V. M. le peut fouhaiter, & de ce feul point dépend le réglement de tout le refte ; car quelque regle qu'on puiffe établir, elle fera fans doute inutile, s'il n'y a des gens capables de la faire obferver, & s'ils le font, ils auront affez d'efprit pour faire faire ce que la raifon leur fera voir être de la dignité de leur Charge & du fervice de leur maître.

La troifiéme confifte en ce que V. M. fe faffe fervir en toutes les Charges de fa Maifon, hors aux plus baffes, par des Gentilshommes, ce qui contribuant beaucoup à fa Dignité, rendra fa Nobleffe d'autant plus affectionnée, qu'elle aura plus de moyen de s'avancer auprès de fa perfonne.

Par ce moyen V. M. peut faire de

quatre

quatre Compagnies de ſes Gendarmes
du Corps, les quatre meilleures Compagnies de Gendarmes de ſon Royaume, étant certain qu'il y a force Gentilshommes qui ſeront ravis d'avoir
moyen de vivre en cette qualité, pourvu qu'on leur donne gratuitement ce
qu'on vend maintenant à l'encan, puiſque celui qui en donne le plus eſt préféré aux autres.

En ce cas, tel ſera bien aiſe d'avoir
cet emploi, qui pour rien du monde
ne le voudroit prendre maintenant
qu'il eſt uſurpé par des perſonnes qui ne
le méritent pas.

Et tous le prendront volontiers pour
l'accès qu'il leur donnera dans la Cour,
où un hazard & quelque habitude peuvent produire leur fortune en un inſtant.

Il vous reviendra encore un autre
bien de cet établiſſement, en ce que
moins il y aura de Roturiers exemts de
taille par les Charges de votre Maiſon,
plus ſe trouvera-t'il de gens qui aide-
ront au peuple à porter le fardeau dont
il eſt maintenant accablé.

La quatriéme eſt que V. M. donne à
l'avenir gratuitement les Charges de ſa
Maiſon,

Maison , fans permettre qu'elles foient vendues par quelque confidération que ce puiffe être.

On dira peut-être qu'il n'eft pas raifonnable que ceux qui ont acheté bien cher les grandes Charges , foient privés de la permiffion de les vendre ; mais étant impoffible de faire des établiffemens fort utiles au public , qui n'ayent quelque chofe d'incommode pour les particuliers , cet inconvénient n'eft pas confidérable , joint que n'ayant pas acheté leurs Charges avec affurance de les revendre , comme ont fait les Offices qui paulettent , on peut les priver de l'efpérance qu'ils s'étoient promife d'eux-mêmes , fans leur faire tort.

Et bien que quelque particulier fe puiffe trouver bleffé d'un tel changement , toute la Nobleffe & les plus Grands y trouveront un notable avantage , en ce qu'au lieu qu'ils étoient obligés par le paffé à vendre une partie confidérable de leur bien pour avoir des Charges , ce qui a fouvent ruiné beaucoup des meilleures familles du Royaume , ils ne pourront plus les efpérer que par leur mérite ; ce qui les empêchera de perdre leur bien , & les

obligera

obligera d'acquerir de la vertu , qui dans le siécle préfent eft d'autant plus méprifée , que le prix de toutes chofes ne confifte qu'en argent.

Au refte , ils fe trouvera tant de moyens pour defintéreffer ceux qui par des confidérations particulieres , feront dignes d'être exemtés de la régle générale, que le public pourra recevoir l'avantage que V. M. voudra lui procurer , fans que les particuliers qui fe pourroient plaindre juftement , en reçoivent aucun préjudice.

Comme il eft impoffible de douter de l'utilité de ces propofitions , la facilité à les exécuter eft manifefte , puifqu'ainfi que je l'ai dit ci-deffus , il ne faut que la volonté ferme & conftante de V. M. pour en tirer le fruit , & rétablir fa maifon en fon premier luftre.

CHA-

CHAPITRE VIII.

DU CONSEIL DU PRINCE.

SECTION I.

*Qui montre que les meilleurs Princes ont
besoin d'un bon Conseil.*

CE n'est pas une petite question entre les Politiques de sçavoir si un Prince qui se gouverne en son Etat par sa tête, est plus à désirer que celui qui ne se fiant pas tant en ses lumieres, défére beaucoup à son Conseil, & ne fait rien sans son avis.

On feroit des volumes entiers des raisons qui se peuvent mettre en avant de part & d'autre, mais reservant cette question au fait particulier qui m'oblige à le rapporter en ce lieu, après avoir préféré le Prince qui agit plus par son Conseil que par le sien propre, à celui qui préfére sa tête à toutes celles des Conseillers ; je ne puis que je ne dise, qu'ainsi que le plus mauvais Gouverne-

ment

ment est celui qui n'a autre ressort que la tête d'un Prince, qui étant incapable, est si présomptueux qu'il ne fait état d'aucun Conseil ; le meilleur de tous est celui dont le principal mouvement est en l'esprit du Souverain, qui bien que capable d'agir par soi-même, a tant de modestie & de jugement, qu'il ne fait rien sans bon avis, fondé sur ce principe, qu'un œil ne voit pas si clair que plusieurs.

Outre que la raison fait connoître la solidité de cette décision, la vérité m'oblige à dire que l'expérience m'en a donné une telle connoissance, que je ne sçaurois m'en taire sans faire force à moi-même.

Un Prince capable est un grand trésor en un Etat ; un Conseil habile & tel qu'il doit être n'en est pas un moindre, mais le concert de tous les deux ensemble est inestimable, puisque c'est de là que dépend la félicité des Etats.

Il est certain que les Etats les plus heureux sont ceux où les Princes & les Conseillers sont les plus sages.

Il est certain encore qu'il se trouve peu de Princes qui puissent seuls gouverner leurs Etats, & de plus, quand

il y en auroit beaucoup , ils ne de-
vroient pas en uſer ainſi.

La Toute - Puiſſance de Dieu , ſon
infinie ſageſſe & ſa providence n'empêchent pas qu'il ne ſe ſerve en ce qu'il
pourroit faire par ſon ſeul vouloir , du
miniſtére des cauſes ſecondes , & par
conſéquent les Rois , dont les perfections ont des bornes , au lieu d'être in-
finies , commettroient une faute notable , s'ils ne ſuivoient ſon exemple.

Mais d'autant qu'il n'eſt pas en leur
Puiſſance , comme en celle de Dieu de
ſuppléer aux défauts de ceux dont ils
ſe ſervent , ils doivent être extrême-
ment ſoigneux de les choiſir les plus
parfaits & les plus accomplis qu'ils
pourront.

Beaucoup de qualités ſont requiſes
pour faire un bon Conſeiller parfait ,
on les peut néanmoins réduire à quatre ; ſçavoir , à la capacité & à la fidélité , au courage & à l'application , qui
en comprennent pluſieurs autres.

SECTION II.

*Qui repréſente quelle doit être la capacité
d'un bon Conſeiller.*

LA capacité des Conſeillers ne requiert pas une ſuffiſance pédanteſ-
que, il n'y a rien de plus dangereux
pour l'Etat que ceux qui veulent gouverner les Royaumes par les maximes
qu'ils tirent de leurs livres. Ils les ruinent ſouvent tout-à-fait par ce moyen,
parce que le paſſé ne ſe rapporte pas au
préſent , & que la conſtitution des
tems , des lieux & des perſonnes eſt
différente.

Elle requiert ſeulement bonté & fermeté d'eſprit , ſolidité de jugement ,
vraie ſource de la prudence , teinture
raiſonnable des Lettres , connoiſſance
générale de l'Hiſtoire & de la conſtitution préſente de tous les Etats du Monde , & particuliérement de celui auquel on eſt.

Deux choſes ſont principalement à
conſidérer à ce propos.

I

La premiere, que les plus grands efprits font plus dangereux qu'utiles au
maniement des affaires; s'ils n'ont beaucoup plus de plomb que de vif-argent,
ils ne valent rien pour l'Etat.

Il y en a qui font fertiles en inven-
tions & abondans en penfées, mais fi
variables en leurs deffeins, que ceux
du foir & du matin font toujours différens, & qui ont fi peu de fuite & de
choix en leurs réfolutions, qu'ils changent les bonnes auffi-bien que les mauvaifes, & ne demeurent jamais conf-
tans en aucune.

Je puis dire avec vérité, comme le
fçachant par expérience, que la légéreté de telles gens n'eft pas moins dangereufe en l'adminiftration des affaires
publiques, que la malice de beaucoup
d'autres.

Il y a beaucoup à craindre des efprits dont la vivacité eft accompagnée
de peu de jugement, & quand ceux qui
excellent en la partie judiciaire n'auroient pas une grande étendue, ils ne
laifferoient pas de pouvoir être utiles
aux Etats.

La feconde remarque qui fe doit
faire en ce fujet, eft qu'il n'y a rien de
plus

plus dangereux en un Etat que de mettre en grande autorité certains efprits
qui n'ont pas affez de lumieres pour fe
conduire eux-mêmes, & penfent toutefois en avoir trop pour avoir befoin de
celles d'autrui.

Ils ne peuvent prendre un bon confeil de leur tête, ni fuivre les avis de
ceux qui font capables de leur en donner, & auffi ils font de très-grandes
fautes.

La préfomption eft un des grands vices qu'un homme puiffe avoir dans les
Charges publiques, & fi l'humilité n'eft
requife dans ceux qui font deftinés à la
conduite des Etats, la modeftie leur eft
tout-à-fait néceffaire, étant certain que
plus un efprit eft grand, moins fe
trouve-t'il quelquefois capable de fo-
ciété & de confeil, qualités fans lefquelles ceux mêmes à qui la nature a
donné plus de lumieres, font peu propres aux Gouvernemens.

Sans la modeftie les grands efprits
font fi amateurs de leurs opinions,
qu'ils condamnent toutes les autres, bien
qu'elles foient meilleures, & l'orgueil
de leur conftitution naturelle, joint à
leur autorité, les rend tout-à-fait infuportables.

Le plus habile homme du monde doit souvent écouter les avis de ceux qu'il pense même être moins habiles que lui.

Comme il est de la prudence du Ministre d'Etat de parler peu, il en est aussi d'écouter beaucoup : on tire profit de toutes sortes d'avis, les bons sont utiles par eux-mêmes, & les mauvais confirment les bons.

En un mot, la capacité d'un Ministre d'Etat requiert la modestie, & si avec cette qualité il a bonté d'esprit & solidité de jugement, il aura tout ce qui lui est nécessaire.

SECTION III.

Qui représente quelle doit être la probité d'un bon Conseiller.

AUTRE chose, est être homme de bien selon Dieu, & autre selon les hommes.

Celui qui a un soin particulier d'observer la Loi de son Créateur, est aux premiers termes ; mais pour être aux

seconds,

feconds , il faut garder celle qui eft prefcrite par l'honneur des hommes.

Ces différentes probités font à defirer aux Confeillers d'Etat , mais il eft incertain encore que celui qui a toutes les qualités requifes à celle du monde , ait auffi ordinairement celles qui le rendent homme de bien devant Dieu. Tel pourroit avoir un foin particulier de régler fa confcience felon la volonté de fon Créateur , qui pour être privé de quelques - unes des conditions de cette probité , fera moins propre au miniftere public , que celui qui les ayant toutes , fera fujet à quelques défauts particuliers au fujet de la premiere.

Cependant comme le déréglement de la confcience eft la vraie fource de toutes les imperfections de l'homme ; je dis hardiment que les deux probités dont je parle , font également requifes à la perfection d'un Confeiller d'Etat , & qu'il ne peut avoir la feconde s'il eft deftitué de la premiere.

En un mot , l'homme d'Etat doit être fidéle à Dieu , à l'Etat , aux hommes & à foi - même , ce qu'il fera , fi outre les qualités exprimées ci-deffus ,

il est affectionné au public, & désinté-
ressé en ses Conseils.

La probité d'un Ministre public ne
suppose pas une conscience craintive &
scrupuleuse, au contraire il n'y a rien
de plus dangereux au Gouvernement
de l'Etat, vu qu'ainsi que du manquement de la conscience il peut arriver
beaucoup d'injustices & de cruautés ; le
scrupule peut produire beaucoup d'é-
motions & d'indulgences préjudiciables au public, & qu'il est très-certain
que ceux qui tremblent aux choses les
plus assurées, par la crainte de se perdre, perdent souvent les Etats lorsqu'ils pourroient se sauver avec eux.

Comme la probité du Conseiller d'E-
tat ne peut compatir avec certaine rigueur, qui est compagne de l'injustice,
elle n'est pas contraire à la sévérité
dont il faut user par nécessité en beaucoup d'endroits, au contraire elle la
conseille & la prescrit quelquefois, &
oblige souvent d'être impitoyable.

Elle n'empêche pas qu'un homme ne
puisse faire ses affaires en faisant celles
de l'Etat, mais elle lui défend seulement d'y penser au préjudice des intérêts publics, qui lui doivent être plus
chers que sa propre vie.   Cette

Cette probité ne souffre pas en ceux qui font employés aux affaires publiques, une certaine bonté qui les empêche de refuser hardiment ceux qui ont des prétentions injuftes ; au contraire, elle veut qu'en accordant ce qui eft raifonnable, on dénie avec fermeté ce qui ne l'eft pas.

Je ne puis paffer en ce rencontre fans dire ce que Ferdinand, Grand Duc de Florence, qui a vécu de notre tems, difoit à ce propos, qu'il aimoit mieux un homme corrompu que celui dont la facilité étoit extrême, parce, ajoutoit-il, que le fujet corrompu ne fe peut pas toujours laiffer gagner par fes intérêts, qui ne fe rencontrent pas toujours ; au lieu que le facile eft emporté de tous ceux qui le preffent, ce qui arrive d'autant plus fouvent, qu'on connoît qu'il n'eft pas capable de réfifter à ceux qui l'entreprennent.

Cette probité requiert que tous ceux qui font employés au Gouvernement de l'Etat, marchent de même pied, & que comme ils agiffent à même fin, ils tiennent femblable langage ; autrement s'il s'en trouve quelqu'un qui agiffant bien en effet, parle plus foiblement que

les

les autres pour décliner l'envie, outre qu'il n'aura pas la probité requife au Miniftre d'Etat, il chargera de haine ceux dont la franchife des paroles eft correfpondante à la fermeté de leurs actions.

Il fe trouve des gens dont la vertu confifte plus à plaindre les défordres, qu'à y remédier par l'établiffement d'une bonne difcipline.

Ce ne font pas ceux que nous cherchons, leur vertu n'eft qu'en l'apparence, & n'ayant point d'action qui puiffe fervir, elle diffère bien peu du vice, qui n'en a point qui ne puiffe nuire.

La probité d'un Confeiller d'Etat doit être active, elle méprife les plaintes, & s'attache aux effets folides, dont le public peut retirer du fruit.

Il s'en trouve d'autres, qui n'ayant rien que le bien de l'Etat dans la bouche, ont une ambition fi déréglée dans le cœur, qu'aucune fin n'arrête leurs defirs, & que rien ne les fatisfait ni ne les contente.

D'autres paffant outre, non contens de ne l'être jamais, convertiffent fous de beaux prétextes, les intérêts publics aux leurs propres, & au lieu de conduire les particuliers par les publics , font avec autant d'injustice que de hardieffe tout le contraire.

Telles gens sont nonseulement deftitués de la probité néceffaire à l'emploi des affaires publiques , mais même font de vraies peftes dans l'Etat ; ce font les fangliers de l'écriture dans la vigne pleine de vendange , dont ils ne fe faoulent pas feulement , mais gâtent & ravagent tout le refte.

Ceux qui font vindicatifs de leur nature , qui fuivent plutôt leurs paffions que la raifon , & qui au lieu de faire choix des hommes par la feule confidération de leur capacité, aux chofes à quoi on les veut employer , les choififfent feulement parce qu'ils les reconnoiffent affectionnés à leurs intérêts , ne peuvent encore être eftimés avoir la probité requife au maniement desEtats.

Si un homme eft fujet à fes vengeances , le mettre en autorité , eft mettre l'épée à la main d'un furieux ; s'il fuit en fes élections fes appétits & non la raifon , c'eft expofer l'Etat à être plutôt fervi de gens de faveur que de mérite, dont il arrivera beaucoup d'inconvéniens.

L'homme

L'homme de bien ne doit jamais venger ses injures, que quand il tire raison de celles de l'Etat, encore ne faut-il pas qu'il se porte à la vengeance publique, par le sentiment de ses intérêts particuliers, & s'il le fait, comme ceux qui ont une probité scrupuleuse, font souvent mal par un bon principe, on peut dire avec vérité, qu'il fait bien par un mauvais-

Si la probité du Conseiller d'Etat requiert qu'il soit à l'épreuve de toutes sortes d'intérêts & de passions, elle veut qu'il le soit aussi des calomnies, & que toutes les traverses qu'on lui sçauroit donner, ne le puissent décourager de bien faire.

Il doit sçavoir que le travail qu'on fait pour le public, n'est souvent reconnu d'aucun particulier, & qu'il n'en faut espérer d'autres récompenses en terre, que celles de la renommée, propre à payer les grandes ames.

Il doit aussi sçavoir que les grands hommes qu'on met au Gouvernement des Etats, font comme ceux qu'on condamne au supplice, avec cette différence seulement, que ceux-ci reçoivent la peine de leurs fautes, & les autres de leur mérite.　　M 2　　De

De plus , il doit ſçavoir qu'il n'appartient qu'aux grandes ames de ſerviz
fidélement les Rois , & ſupporter la ca-
lomnie que les méchans & les ignorans
imputent aux gens de bien , ſans dégoût , & ſans ſe relâcher du ſervice
qu'on eſt obligé de leur rendre.

Il doit ſçavoir encore que la condition de ceux qui ſont appellés au maniement des affaires publiques , eſt
beaucoup à plaindre , en ce que s'ils
font bien, la malice du monde en dimi-
nuë ſouvent la gloire , repréſentant
qu'on pouvoit mieux , quand même
cela ſeroit tout-à-fait impoſſible.

Enfin , il doit ſçavoir que ceux qui
ſont dans le miniſtére de l'Etat, ſont
obligés d'imiter les Aſtres , qui nonobſtant les abois des chiens , ne laiſſent
pas de les éclairer , & de ſuivre leur
cours,ce qui doit l'obliger à faire un tel
mépris de pareilles injures , que ſa probité n'en puiſſe être ébranlée , ni lui dé-
tourné de marcher avec fermété aux
fins qu'il s'eſt propoſé pour le bien de
l'Etat.

SECTION IV.

Qui repréſente quel doit être le cœur & la force d'un Conſeiller d'Etat.

LE courage dont il s'agit mainte-nant, ne requiert pas qu'un hom-me ſoit hardi juſqu'à mépriſer toutes ſortes de périls, il n'y a rien de plus ca-pable de perdre les Etats, & tant s'en faut que le Conſeiller d'Etat doive ſe conduire ainſi, qu'au contraire il doit aller preſque en toutes occaſions à pas de plomb, & ne rien entreprendre qu'avec grande conſidération à tems & à propos.

Tant s'en faut encore que le courage requis au parfait Conſeiller d'Etat, l'oblige à ne penſer qu'aux grandes cho-ſes, ce qui arrive ſouvent aux ames les plus élevées, lorſqu'elles ont plus de cœur que de jugement, qu'au contraire il eſt tout-à-fait néceſſaire qu'il s'abaiſ-ſe aux médiocres; bien que d'abord elles lui ſemblent au deſſous de ſa por-tée, parce que ſouvent les grands dé-

M 3　　ſordres

fordres naiffent de petits commence-
mens , & que les établiffemens les plus
confidérables ont quelquefois des principes qui paroiffent de nulle confidération.

Mais le courage dont il eft queftion ,
requiert qu'un homme foit exemt de foibleffe & de crainte, qui rendent celui
qui eft prévenu de ces deux défauts ,
nonfeulement incapable de prendre de
bonnes réfolutions au bien du public ,
mais en outre d'exécuter celles qu'il a
prifes.

Il requiert un certain feu qui fait
defirer & pourfuivre les chofes hautes
avec autant d'ardeur que le jugement
les embraffe avec fageffe.

Il requiert de plus une certaine fermeté qui fait foutenir fortement les
adverfités , & fait que l'homme ne paroît , & n'eft pas changé aux plus grands
changemens de la fortune.

Il doit donner au Miniftre d'Etat
un honnête aiguillon de gloire , fans
lequel les plus capables & les plus gens
de bien demeurent fouvent fans fe fi-
gnaler par aucune action avantageufe
au public.

Il lui doit donner la force de réfifter
fans

fans étonnement aux envies, aux hai-
nes, aux calomnies, & à toutes les tra-
verfes qui fe rencontrent d'ordinaire
en l'adminiftration des affaires publiques.

Enfin il doit juftifier en fa perfonne
le dire d'Ariftote, qui affure qu'au lieu
que ce qui eft foible fe fert de fineffe &
de rufe, ce qui eft fort méprife l'un &
l'autre juftement, par la jufte confiance
qu'il a en foi-même.

Il faut remarquer à ce propos, qu'être
vaillant & être courageux, n'eft pas la
même chofe.

La vaillance fuppofe une difpofition
à s'expofer volontiers en toutes occafions aux périls qui fe préfentent, ce
que le courage ne requiert pas, mais
feulement affez de réfolution pour méprifer un péril lorfqu'on s'y trouve, &
pour fupporter conftamment une adver-
fité lorfqu'elle arrive.

On peut même paffer plus avant, &
dire qu'outre la difpofition fpécifiée ci-
deffus, la vaillance en requiert une autre corporelle qui rend l'homme propre
à témoigner fa valeur par fon bras.

Je fçai bien que ceux qui par le paffé
ont parlé des principales vertus de
M 4　　l'hom-

l'homme, n'ont pas connu ces diſtinctions ; mais ſi on les conſidére mûrement, on trouvera la premiere abſolument néceſſaire , & la ſeconde non ſuperflue ; en ce que la plus grande partie du monde ne conçoit un homme vaillant, qu'en ce qu'il fait pluſieurs coups de la main , qui témoignent ce qu'il vaut.

En quelque façon qu'on prenne la vaillance , elle n'eſt pas néceſſaire à un Conſeiller d'Etat , il n'eſt pas beſoin qu'il ait diſpoſition à s'expoſer à tous périls , ni même aptitude corporelle à faire paroître ce qu'il vaut , par la vertu de ſon bras ; il ſuffit qu'il ait le cœur aſſis en ſi bon lieu , qu'une mauvaiſe crainte, & les traverſes qu'il peut rencontrer , ne le puiſſent détourner de ſes bons & généreux deſſeins ; & comme c'eſt l'eſprit qui gouverne & non la main , c'eſt aſſez que ſon cœur ſoutienne ſa tête , bien qu'il ne puiſſe faire agir ſon bras.

Section V.

Qui repréfente quelle doit être l'applica-
tion des Conseillers d'Etat.

L'APPLICATION ne requiert pas
qu'un homme travaille inceffam-
ment aux affaires publiques, au contraire rien n'eft plus capable de le rendre inutile qu'un tel procédé ; la nature des affaires d'Etat requiert d'autant
plus de relâche, que le poids en eft plus
grand & plus chargeant que toute autre, & que les forces de l'efprit & du
corps des hommes étant bornées , un
travail continuel les auroit épuifées en
peu de tems.

Elle permet toutes fortes de divertiffe-
mens honnêtes qui ne divertiffent pas
ceux qui les prennent , des chofes à
quoi ils doivent être principalement
attachés.

Mais elle requiert que celui qui eft
attaché aux affaires publiques, en faffe
fon principal , & y foit attaché d'efprit , de penfée & d'affection ; elle re-
M 5   quiert

quiert que le plus grand de fes plaifirs foit le bon fuccès de fes affaires.

Elle requiert qu'il faffe fouvent le tour du monde , pour prévoir ce qui peut arriver , & trouver le moyen de prévenir les maux qu'on doit craindre , & d'exécuter les entreprifes que confeille la raifon des intérêts publics.

Comme elle oblige à ne perdre pas un moment en certaines affaires qui fe peuvent perdre par le moindre délai , elle veut auffi qu'on ne fe précipite pas en d'autres , où le tems eft néceffaire pour prendre des réfolutions dont on n'ait point de fujet de fe repentir.

Un des plus grands maux de ce Royaume confifte en ce qu'un chacun s'attache plus aux chofes à quoi il ne peut s'occuper fans faute , qu'à ce qu'il ne peut omettre fans crime.

Un Soldat parle de ce que fon Capitaine devroit faire ; le Capitaine des défauts qu'il s'imagine qu'a fon Meftre de Camp ; un Meftre de Camp trouve à redire en fon Général ; le Général improuve & blâme la conduite de la Cour, & nul d'entr'eux n'eft dans fa Charge , & ne penfe à s'acquitter des chofes à quoi elle l'oblige particuliérement.

Il

Il y a des perſonnes de ſi peu d'action & de conſtitution ſi foibles qu'ils ne ſe portent jamais d'eux-mêmes à aucune choſe , mais reçoivent ſeulement les occaſions qui font plus en eux qu'eux en elles.

Telles gens ſont plus propres à vivre dans un Cloître qu'à être employés au maniément des Etats , qui requiérent application & activité tout enſemble ; auſſi, quand ils y ſont, ils font autant de mal par leur conduite languiſſante , qu'un autre y peut faire de bien par une active application.

Il ne faut pas attendre de grands effets de tels eſprits, on ne leur doit pas ſçavoir gré du bien qu'ils font , ni leur vouloir grand mal de celui qu'on reçoit , d'autant qu'à proprement parler, le hazard agit plus en eux qu'eux - mêmes.

Il n'y a rien de plus contraire à l'application néceſſaire aux affaires publiques que l'attachement que ceux qui en ont l'adminiſtration , peuvent avoir pour les femmes.

Je ſçai bien qu'il y a certains eſprits tellement ſupérieurs & maîtres d'eux-mêmes, que bien qu'ils ſoient divertis de ce qu'ils doivent à Dieu par quelque affection déréglée, ils ne se divertissent pas pour cela de ce qu'ils doivent à l'Etat. Il s'en trouve qui ne rendant pas maîtresses de leurs volontés celles qui le sont de leurs plaisirs, ne s'attachent qu'aux choses à quoi leur fonction les oblige.

Mais il y en a peu de cette nature, & il faut avouer que comme une femme a perdu le monde, rien n'est plus capable de nuire aux Etats que ce sexe, lorsque prenant pied sur ceux qui les gouvernent, il les fait souvent mouvoir comme bon lui semble, & mal par conséquent. Les meilleures pensées des femmes étant presque toujours mauvaises en celles qui se conduisent par leurs passions, qui tiennent d'ordinaire lieu de raison dans leur esprit, au lieu que la raison est le seul & le vrai motif qui doit animer & faire agir ceux qui sont dans l'emploi des affaires publiques.

Quelque force qu'ait un Conseiller d'Etat, il est impossible qu'il puisse bien s'appliquer à sa Charge, s'il n'est entiérement libre de tous semblables attachemens. Il peut bien avec eux ne manquer

quer pas à son devoir, mais s'il en est exemt, il fera beaucoup mieux.

En quelque Etat qu'il soit pour bien faire, il doit distribuer son tems en sorte qu'il ait des heures pour travailler seul aux expéditions ausquelles sa Charge l'oblige, & d'autres pour donner audience à tout le monde, la raison veut qu'il traite chacun avec courtoisie & avec autant de civilité, que sa condition & la diverse qualité des personnes qui ont à faire à lui le requierent.

Cet article fera voir à la postérité un témoignage de mon ingénuité, puisqu'il prescrit ce qui ne m'a pas été possible d'observer de tout point.

J'ai toujours vécu civilement avec ceux qui ont eu à traiter avec moi ; la nature des affaires qui oblige à refuser beaucoup de gens, ne permet pas qu'on les traite mal de visage ou de paroles, quand on ne les peut contenter par effets ; mais ma mauvaise santé n'a pas pu souffrir que j'aye donné accès à tout le monde, comme je l'eusse desiré, ce qui m'a souvent donné tant de déplaisir, que cette considération m'a quelquefois fait penser à ma retraite.

Ce-

Cependant je puis dire avec vérité avoir tellement ménagé la foibleſſe de mes forces, que ſi je n'ai pu correſpondre au deſir de tout le monde, elles n'ont jamais pu m'empêcher de ſatisfaire à mon devoir à l'égard de l'Etat.

Enfin, l'application, le courage, la probité & la capacité, font la perfection du Conſeiller d'Etat, & le concours de toutes ces qualités doit ſe rencontrer en ſa perſonne.

Tel peut être homme de bien, qui n'ayant pas de talent aux affaires d'Etat, y ſeroit tout-à-fait inutile, & occuperoit des Charges qu'il ne rempliroit pas.

Tel pourroit être capable & avoir la probité requiſe, qui pour n'avoir pas aſſez de cœur pour ſoutenir les diverſes choſes qu'il eſt impoſſible d'éviter au Gouvernement d'un Etat, y ſeroit préjudiciable au lieu d'y être utile.

Tel pourroit encore être bien intentionné, capable & courageux tout enſemble, dont la pareſſe ne laiſſeroit pas d'être ruineuſe au public, s'il ne s'appliquoit pas aux fonctions de ſon emploi.

Tel peut avoir bonne conſcience,

être

être capable , courageux & appliqué à son Emploi , mais pour l'être plus en l'objet de ce qui le touche , que de ce qui concerne les intérêts publics , bien qu'il serve souvent utilement , il ne laisse pas d'être beaucoup à craindre.

De la capacité & de la probité naît un si parfait accord entre l'entendement & la volonté , qu'ainsi que l'entendement sçait choisir les meilleurs objets & les moyens les plus convenables pour en acquérir la possession ; la volonté sçait aussi les embrasser avec tant d'ardeur , qu'elle n'oublie rien de ce qu'elle peut pour parvenir aux fins que l'entendement s'est proposé.

De la probité & du courage naît une honnête hardiesse de dire aux Rois ce qui leur est utile , bien qu'il ne leur soit pas à tous agréable.

Je dis honnête hardiesse , parce que si elle n'est bien réglée , & toujours respectueuse , au lieu de pouvoir être mise au rang des perfections du Conseiller d'Etat , elle seroit un de ses vices.

Il faut parler aux Rois avec des paroles de soie ; comme il est de l'obligation du fidéle Conseiller de les avertir en particulier de leurs défauts avec
adresse,

adreſſe , il ne ſçauroit les leur repréſenter publiquement ſans commettre
une notable faute.

Parler hautement de ce qu'on doit
dire à l'oreille, eſt un reproche qui même ſe peut rendre criminel en la bouche de celui dont il ſort , s'il publie les
imperfections de ſon Prince pour en
tirer avantage , deſirant plutôt par une
vaine oſtentation , de faire voir qu'il
les improuve , qu'une envie ſincere de
les corriger.

Du courage & de l'application naît
une ſi grande fermeté aux deſſeins choiſis par l'entendement , & embraſſés par
la volonté qu'on les pourſuit avec conſ-
tance , ſans être ſujet au changement
que produit ſouvent la légéreté des
François.

Je n'ai point parlé de la force & de
la ſanté du corps néceſſaire au Miniſtre d'Etat , parce qu'encore que ce ſoit
un grand bien quand elle ſe rencontre
avec toutes les qualités d'eſprit ſpéci-
fiées ci-deſſus ; elle n'eſt pas toutefois ſi
néceſſaire , que ſans elle les Conſeillers
ne puiſſent faire leurs fonctions.

Il y a beaucoup d'Emplois dans l'E-
tat où elle eſt abſolument requiſe , parce

ce qu'il y faut agir , nonseulement d'esprit, mais de la main & du corps, se transportant en divers lieux , ce qui souvent doit être fait avec promptitude , mais celui qui tient le timon de l'Etat , & n'a autre soin que de la direction des affaires , n'a pas besoin de cette qualité.

Ainsi que le mouvement du Ciel n'a besoin que de l'intelligence qui le meut, ainsi la force d'esprit est seule suffisante pour conduire un Etat , & celle des bras & des jambes n'est pas nécessaire pour remuer tout le monde.

Ainsi que celui qui gouverne un Vaisseau n'a autre action que de l'œil, pour voir la boussole ; ensuite de quoi il ordonne qu'on tourne le timon , comme il estime à propos ; ainsi en la conduite de l'Etat , rien n'est requis que l'opération de l'esprit , qui voit & ordonne tout ensemble ce qu'il juge devoir être fait.

S'il est vrai que le soleil qui échauffe tout , ne soit pas chaud en lui-même , il est clair que pour faire agir corporellement tout le monde , l'action du corps n'est pas requise.

J'avoue cependant que j'ai souvent de-

defiré d'être hors du Gouvernement de l'Etat pour ma mauvaife fanté, dont la ligne a été fi courte, qu'il m'a prefque été impoffible de n'en pas excéder fouvent la mefure.

Enfin , après avoir longues années fervi V. M. dans les plus épineufes affaires qui fe puiffent rencontrer dans un Etat , je puis confirmer par expérience ce que la raifon enfeigne à tout le monde , que c'eft la tête & non le bras qui gouverne & conduit les Etats.

SECTION VI.

Qui repréfente quel doit être le nombre des Confeillers d'Etat, & qu'entr'eux il doit y en avoir un qui ait l'Autorité Supérieure.

APRE'S avoir examiné & reconnu les qualités néceffaires à ceux qui doivent être employés au miniftére d'Etat, je ne puis que je ne remarque , qu'ainfi que la pluralité des Médecins caufe quelquefois la mort du malade , au lieu d'aider fa guérifon.; ainfi l'E-

rat recevra-t'il plutôt du préjudice que
de l'avantage , fi les Conseillers font
en grand nombre. J'ajoute qu'il n'y en
peut avec fruit avoir plus de quatre,
& qu'encore faut-il qu'entr'eux il y en
ait un qui ait l'autorité supérieure , &
qui foit comme le premier mobile qui
meut tous les autres Cieux, fans être mû
que de fon intelligence.

J'ai peine à me réfoudre à mettre en
avant cette propofition , parce qu'il
femblera que j'y veuille foutenir ma
caufe, mais confidérant qu'il me feroit
aifé de le prouver par plufieurs autorités de l'Ecriture, des Peres & de Politiques , & que la confiance particuliere
dont V. M. m'a toujours honoré , pendant qu'il lui a plu me donner part à la
conduite des affaires publiques, n'a befoin pour fa défenfe d'autre principe
que de celui qui a été néceffaire pour
fon établiffement, c'eft-à-dire, de fa
volonté , qui paffera dans l'efprit de la
poftérité pour jufte raifon de l'autorité
que j'ai toujours eue dans fes Confeils;
je trouve que je ne puis parler en ce fujet
fans être fufpect , & que je le dois faire pour prouver par raifon , ce que
l'honneur que j'ai toujours reçu de
votre

votre bonté autorifera par exemple.

L'envie naturelle qui fe trouve d'ordinaire entre des puiffances égales , eft trop connue de tout le monde , fans qu'il foit befoin d'un long difcours pour faire voir la vérité de la propofition que j'ai mife en avant.

Diverfes expériences m'ont rendu fi fçavant en cette matiere , que je penferois être refponfable devant Dieu , fi ce préfent Teftament ne portoit pas en termes exprès qu'il n'y a rien de plus dangereux en un Etat que diverfes autorités égales en l'adminiftration des affaires.

Ce que l'une entreprend eft traverfé par l'autre , & fi le plus homme de bien n'eft pas le plus habile , quand même fes propofitions feroient les meilleures , elles feroient toujours éludées par le plus puiffant en efprit.

Chacun aura fes Sectateurs qui formeront divers partis dans l'Etat , & en diviferont les forces , au lieu de les réunir enfembler

Ainfi que les maladies & la mort des hommes ne viennent que des mauvais accords des Elémens dont ils font compofés ; ainfi eft-il certain que la contrariété

trariété & le peu d'union qui se trouve toujours entre les puissances égales, altéreront le repos des Etats dont elles auront la conduite, & produiront divers accidens, qui enfin pourront les perdre.

S'il est vrai que le Gouvernement Monarchique imite plus celui de Dieu qu'aucun autre ; si tous les Politiques sacrés & profanes enseignent que ce genre de régir surpasse tous ceux qui ont jamais été mis en pratique, on peut dire hardiment que si le Souverain ne peut, ou ne veut pas lui-même avoir continuellement l'œil sur sa carte & sur sa boussole, la raison veut qu'il en donne particulierement la Charge à quelqu'un par dessus tous les autres

Ainsi que divers Pilotes ne mettent jamais tous ensemble la main au timon, aussi n'en faut-il qu'un qui tienne celui de l'Etat.

Il peut bien recevoir les avis des autres, il doit même quelquefois les rechercher, mais c'est à lui d'en examiner la bonté, & de tourner la main d'un côté ou d'autre, selon qu'il estime plus à propos, pour éviter la tempête & faire sa route,

Le

Le tout eſt de faire un bon choix en cette occaſion , & ne s'y tromper pas.

Il n'y a rien de ſi aiſé que de trouver un premier mobile qui meuve tout ſans être mû d'aucune autorité ſupérieure , que de celle de ſon maître ; mais il n'y a rien de ſi difficile que d'en rencontrer un qui meuve bien , ſans pouvoir être mû par aucune conſidération qui puiſſe dérégler ſon mouvement.

Toute perſonne s'eſtimera par ſon propre ſens capable de cette fonction , mais aucun ne pouvant être Juge en ſa cauſe , le Jugement d'un fait ſi important , doit dépendre de ceux qui n'ont poiut d'intérêt qui leur puiſſe bander les yeux.

Tel ne ſera pas capable d'être mû par les pratiques & les préſens des ennemis de l'Etat , qui pourra l'être par leurs artifices.

Tel ſera capable d'être mû par des intérêts qui ne ſeroient pas criminels , & qui cependant ne laiſſeront pas de porter grand préjudice à l'Etat.

Il s'en trouve ſouvent qui mourroient plutôt que de faire faux - bond à leur conſcience , qui cependant ne ſeroient pas utiles au public , parce qu'ils ſont

capables

capables de se laisser aller aux importunités & aux tendresses qu'ils ont pour ceux qu'ils aiment.

Tel qui est incapable d'être mû par quelque intérêt que ce puisse être, pourra l'être par crainte, par étonnement & par terreur panique.

Je sçais bien que la capacité, la probité, le courage, & en un mot, les qualités que nous avons attribuées aux Conseillers d'Etat, peuvent remédier à tels inconvéniens ; mais à dire le vrai, comme le Ministre de qui nous parlons doit être par dessus tous les autres, aussi faut-il qu'il aye toutes ces qualités en éminence ; & par conséquent il faut l'examiner soigneusement auparavant qu'en arrêter le choix.

Le Prince doit connoître par lui-même celui qu'il chargera d'un si grand Emploi, & bien que ce personnage doive être élu par lui seul, le choix qu'il en fera doit être, s'il le peut, accompagné d'un approbation publique ; car s'il a les vœux de tout le monde, il sera plus capable de faire du bien.

Ainsi que ceux qui sont les plus intelligens aux supputations astronomiques, ne sçauroient se tromper d'une

seule

feule minute, que les jugemens qu'ils
en font enfuite ne foient fujets à toutes
fortes de faulfetés ; ainfi eſt-il vrai que
fi les qualités de celui qui doit gouverner les autres, font feulement bonnes
en apparence, fa conduite fera très-
mauvaife, & que fi elles ne font que
médiocres, fon Gouvernement ne fera
pas excellent.

Il eſt aifé de répréfenter les qualités
que doit avoir un principal Miniſtre,
mais il eſt difficile de les trouver toutes
en un fujet.

Cependant il eſt vrai de dire que le
bonheur ou le malheur des Etats dépend de l'élection qui en fera faite,
ce qui oblige étroitement les Souverains, ou à prendre eux-mêmes le foin,
dont le poids de leur Couronne les
charge, ou fi à bien choifir celui fur lequel ils voudront s'en décharger, que
leur opinion foit approuvée du Ciel &
de la terre.

SECTION VII.

Qui repréſente quel doit être le Roi en-
vers ſes Conſeillers , & fait voir que
pour en être bien ſervi , les bien traiter
eſt le meilleur expédient qu'on puiſſe
prendre.

VOTRE MAJESTE' ayant ainſi choiſi
ſes Conſeillers, c'eſt à elle à les
mettre en état, qu'ils puiſſent travailler à la grandeur & à la félicité de ſon
Royaume.

Quatre choſes principales ſont requiſes à cette fin ; la premiere, que V. M.
ait confiance en eux , & qu'ils le ſça-
chent , ce qui eſt abſolument néceſſaire , parce qu'autrement les meilleurs
Conſeillers pourroient être ſuſpects
aux Princes, & que ſi les Miniſtres n'é-
toient aſſurés que leur ſincérité eſt connue , ils ſe retiendroient en beaucoup
d'occaſions où leur ſilence ne ſeroit pas
peu préjudiciable.

C'eſt un dire commun , qu'un Médecin qui agrée au malade, & qui eſt aimé

Tome I.   N   de

de lui , profitera davantage ; & c'eſt choſe certaine , qu'il n'y en a point qui pût travailler hardiment à la guériſon d'un malade , s'il ſçavoit qu'il ſe méfiât de lui.

La ſeconde eſt , qu'il leur commande de lui parler librement , & les aſſure qu'ils le peuvent faire ſans péril.

Cette condition eſt abſolument néceſſaire , nonſeulement pour certains eſprits froids & timides , qui ont beſoin d'être enhardis , mais pour ceux qui n'étant pas craintifs de leur nature , employent d'autant plus utilement leur zéle à l'avantage du Public , qu'ils croyent que leur hardieſſe ne ſçauroit leur être préjudiciable.

Le Soldat qui tire à couvert une mouſquetade , eſt bien plus aſſuré que celui qui ſçait qu'en tirant , il peut être tiré ; & en effet , il ſe trouveroit peu de particuliers qui vouluſſent s'expoſer à leur perte , pour faire du bien au Public.

Il eſt vrai qu'un homme de bien ne doit pas conſidérer ſon intérêt , lörſqu'il eſt queſtion de ceux du Public , & que le plus haut point de fidélité qu'on puiſſe deſirer à un bon ſerviteur , eſt de

dire

dire ingénuement ce qu'il fçait être utile à fon maître, fans crainte d'encourir la haine de ceux qui font les plus puiffans auprès de lui, ni de lui déplaire à lui-même ; mais il y en a peu d'affez zélés pour vouloir courir un tel rifque.

La troifiéme, qu'il les traite libéralement, & qu'ils croyent que leurs fervices ne demeureront pas fans récompenfe.

Ce qui eft d'autant plus néceffaire, qu'il fe trouve peu de gens qui aiment la vertu toute nue, & que le vrai moyen d'empêcher qu'un ferviteur ne penfe trop à fes intérêts, eft de pratiquer le Confeil de cet Empereur, qui recommande à fon fils d'avoir grand foin des affaires de ceux qui feront bien les fiennes.

Jamais homme de bien ne penfe à s'enrichir aux dépens du public en le fervant ; mais comme ce feroit un crime d'avoir telle penfée, rien n'eft plus honteux à un Prince que de voir ceux qui ont vieilli en le fervant, chargés d'années, de mérite & de pauvreté tout enfemble.

La quatriéme eft, qu'il les autorife

&

& les maintienne ſi ouvertement, qu'ils
ſoient aſſurés qu'ils n'ont ni à redouter
les artifices, ni à craindre la force de
ceux qui les voudroient perdre.

L'intérêt du Prince l'oblige à en uſer
ainſi, puiſqu'il n'y a point d'homme
qui puiſſe ſervir utilement le Public,
ſans s'attirer la haine & l'envie de tout
le monde, & qu'il s'en trouveroit peu
d'aſſez vertueux pour bien faire, s'ils
penſoient en recevoir du mal.

Il n'y a point de place au monde,
qui pour forte qu'elle ſoit en elle - même, puiſſe ſe garantir d'être emportée
à la longue, ſi elle ne défend ſes dehors
avec ſoin.

Il eſt de même des plus grands Rois
qui ne ſçauroient conſerver leur autorité en leur entier, s'ils n'ont un ſoin
extraordinaire de la ſoutenir dans les
moindres de leurs Officiers, proches
ou éloignés de leurs perſonnes, qui
ſont des piéces de dehors que l'on atta-
que les premieres. La priſe deſquelles
donne la hardieſſe de faire effort contre celles de dedans, bien qu'elles ſemblent imprenables, comme ſacrées &
attachées à la propre perſonne des
Rois.

Il y a peu de perſonnes qui oſent attaquer de force ceux qu'un Prince aura
choiſis pour le ſervir , parce qu'il n'y
en a point qui ne reconnoiſſent que
leur puiſſance ne peut être égale à celle
d'un Souverain , qui a trop d'intérêt à
proteger ſes ſerviteurs , pour y manquer à ſon préjudice , mais il s'en trouve toujours qui eſſayent à les ruiner par
artifices & mauvais moyens difficiles à
découvrir.

On ſe gouverne d'ordinaire ſi fine-
ment en telles occaſions , que pour peu
d'eſpérance qu'on voie en tels deſſeins,
il les faut tenir pour aſſurés , non pas
pour faire mal à ceux qu'on juge coupables avant qu'ils ſoient convaincus ,
mais pour les prévenir avec prudence.

L'artifice des hommes fait qu'ils ſe
déguiſent en cent façons pour venir à
leurs fins ; tel parle ouvertement ſous
prétexte de ne pouvoir ſe taire ſans
crime , mais il s'en trouve peu de ce
genre ; tel feint d'être ami de ceux qu'il
veut perdre , tel fait parler autrui, &
ſe réſerve ſeulement pour appuyer les
mauvais Offices qu'on aura commen-
cés ; enfin il y a tant de voies pour faire
mal en ce genre , qu'un Prince ne ſçau-

 roit

roit être trop fur fes gardes pour fe garantir de furprifes en un fait fi important.

Pour peu qu'on lui parle en cachette
contre le Gouvernement de fon Etat,
fous quelque prétexte qu'on puifle prendre, il doit tenir pour affuré que c'eft
pour le ruiner & pour le perdre.

Il eft de ceux qui en ufent ainfi comme des malades qui ont des fiévres
d'autant plus malignes que le feu en
paroît petit au dehors, quand l'embra-
zement eft grand au dedans.

Il faut aller au devant de tels maux,
& n'attendre pas qu'on en ait une entiere connoiffance, parce que fouvent
on ne la peut avoir que par l'événement
& l'effet du deffein mauvais qu'on a
projetté.

Ceux qui font telles entreprifes,
fçavent fort bien le péril auquel ils
s'expofent pour les commencer fans deffein de les achever. En telles occafions
on va d'abord en pas de plomb & de
laine tout enfemble; mais après, la nature de telles affaires oblige à doubler
le pas & à courir de peur d'être furpris
en chemin.

On imite en cela la pierre pouffée du
haut

haut d'une montagne , son premier mouvement est lent , & plus elle descend , plus prend-elle de poids , & redouble la vitesse de sa chûte. Et tout de même qu'il faut plus de force pour l'arrêter au plus fort de sa course, qu'au commencement ; aussi est-il très - difficile d'arrêter une conspiration , qui n'ayant pas été étouffée dans sa naissance , est déja dans son accroissement.

Plus une Place est importante , plus l'ennemi tâche-t'il d'en séduire le Gouverneur ; plus une femme est belle , plus trouve-t'elle de gens qui tâchent d'avoir ses bonnes graces ; aussi plus un Ministre est utile à son maître & puissant en son esprit & en sa grace , plus y a-t'il de personnes qui l'envient , qui desirent sa place & essayent de l'en faire déchoir pour l'occuper.

Entre les Gouverneurs fidéles, ceux-là sont les plus estimés , qui ne résistent pas seulement aux propositions qui leur sont faites contre leur devoir , mais qui refusent de les écouter , & qui d'abord ferment la bouche à ceux qui les veulent tenter par telles voies.

Entre les femmes chastes, celles qui n'ont point d'oreilles pour ouir les

 mauvais

mauvais difcours qu’on leur veut faire pour ébranler leur pureté , font par le jugement de tous les fages , préférées à celles qui les ouvrent , lors même qu’elles ferment le cœur.

Ainfi entre les maîtres qui ont des ferviteurs de fidélité fi éprouvée en diverfes & fi importantes occafions , qu’ils n’en peuvent douter avec raifon ; ceux-là font les plus fages qui ferment la bouche à ceux qui en veulent mal parler.

Quelque vertu qu’il y ait à rejetter une tentation , les Princes & les maris font eftimés trop indulgens qui permettent à leurs Gouverneurs & à leurs femmes d’écouter la chofe à quoi ils ne veulent pas qu’ils adhérent , & à laquelle ils ne peuvent confentir fans crime ; & les maîtres doivent fe condamner eux-mêmes , s’ils prêtent l’oreille à ce qu’on leur veut dire contre ceux dont la fidélité eft irréprochable. La raifon primitive de cette décifion, confifte en ce qu’ainfi que s’expofer hardiment en un péril & en une occafion jufte & utile , eft une action de vaillance ; faire le même fans fujet & fans raifon , eft une action de témérité , &

c’eft

C'eſt en ce ſens qu'il a été dit avec grande raiſon , que quiconque ouvre les oreilles aux calomnies , mérite d'en être trompé.

Peut-être me dira-t'on qu'il y a grande différence entre le devoir du Gouverneur , de la femme & du Prince , au fait qui eſt repréſenté ; qu'il eſt vrai que le Gouverneur & la femme font beaucoup mieux de n'écouter pas , parce qu'ils ne peuvent en aucun cas conſentir à ce que l'on leur veut dire , mais que ce n'eſt pas de même du Prince qui doit avoir les oreilles ouvertes, puiſqu'on lui peut dire des choſes ſi véritables & ſi importantes qu'il ſera obligé d'y pourvoir.

A cela je répons , premierement , qu'en ne parlant ſeulement que des ſerviteurs dont la fidélité eſt irréprochable , & la conduite éprouvée en diverſes occaſions ſi importantes qu'il ne s'en puiſſe trouver qui le ſoient davantage ; la différence ſera ſi petite en la comparaiſon miſe en avant , qu'elle doit par raiſon être tenue pour nulle , la régle des choſes morales obligeant à ne compter pour rien ce qui eſt de légére conſéquence.

N 5　　　J'ajoute

J'ajoute en second lieu, que quand il pourroit arriver quelque inconvénient de fermer les oreilles à ce qu'on voudra dire contre un serviteur de fidélité éprouvée ; il est si peu considérable au respect de ceux qui sont inévitables, si on les ouvre contre des personnes de cette qualité, que je puis dire absolument que le Gouverneur, la femme & le Prince les doivent avoir également fermées aux occasions représentées ci-dessus.

Il n'y a pas lieu de présumer que celui qui a été fidéle toute sa vie devienne infidéle en un instant, sans sujet & sans raison, principalement si tous les intérêts de sa fortune sont attachés à celle de son maître.

Un mal qui ne peut arriver que rarement, doit être présumé n'arriver point, principalement si pour l'éviter on s'expose à beaucoup d'autres qui sont inévitables, & de plus grande conséquence, ce qui se trouve au fait dont il s'agit ; étant certain qu'il est presque impossible qu'un Prince puisse conserver ses plus fidéles & plus assurés serviteurs, si sous prétexte de ne fermer pas ses oreilles à la vérité, il les ouvre à la

malice

malice des hommes , outre qu'il eſt conſtant qu'il perdra beaucoup davantage , s'il en perd un de cette qualité ; que ſi faute d'écouter il tolére en quelqu'un les défauts qui ne peuvent être de grande conſéquence , s'il l'éprouve fidéle aux plus importantes occaſions qui ſe puiſſent trouver.

Si celui qui donne volontairement entrée aux aſſaſſins qui tuent un homme , eſt coupable de ſa mort , celui qui reçoit toutes ſortes de ſoupçons & de calomnies qui intéreſſent la fidélité d'un de ſes ſerviteurs , ſans s'en bien éclaircir , eſt reſponſable devant Dieu d'un tel procédé.

Les meilleures actions ſont mauvaiſes à deux ſortes d'eſprits , aux malins qui imputent tout à mal par l'excès de leur malice , & à ceux qui ſont ſujets aux ſoupçons qui expliquent tout en mal par leur foibleſſe.

Il n'y a point d'homme au monde , qui pour vertueux qu'il ſoit , paſſe pour innocent dans l'eſprit d'un maître , qui n'examinant pas les choſes par ſoi-même , ouvriroit les oreilles aux calomnies.

Comme il n'y a que deux voies à réſiſter

fifter au vice , ou celle de la fuite , ou
celle du combat ; il n'y en a auffi que
deux pour réfifter à l'impreffion que
font les calomnies ; l'une confifte à les
rejetter tout-à-fait fans les entendre ,
l'autre à examiner fi foigneufement ce
qui eft rapporté , qu'on en avére la vérité ou le menfonge.

Pour éviter tous inconvéniens , fe
garantir des artifices dont les méchans
efprits fe peuvent fervir pour perdre
les plus gens de bien, & ne fe priver
pas des moyens de découvrir les mauvais déportemens de ceux qui fervent
mal ; le Prince doit tenir pour calomnies tout ce qu'on lui veut dire à l'oreille feulement , & en cette confidération
refufer de l'entendre ; & fi quelqu'un
veut foutenir en préfence de ceux qu'il
accufe, ce qu'il veut mettre en avant
contr'eux , alors on le peut écouter
ainfi , à condition d'une bonne récompenfe , s'il dit quelque chofe importante au Public qui fe trouve véritable, &
d'une grande punition fi fon accufation
eft fauffe , ou non confidérable & importante, quand même elle feroit vraie.

J'ai toujours fupplié V. M. d'en ufer
ainfi à mon égard , afin de donner au-

tant

tant de liberté à ceux qui voudroient censurer mes actions, de le pouvoir faire, comme elle m'en donneroit par ce moyen de les défendre.

Je puis dire avec vérité que V. M. n'a jamais eu aucun dégoût de ma conduite, que lorsqu'elle n'a pas pratiqué ce conseil d'autant plus recevable, qu'il ne peut être qu'innocent.

Les Principes dont je viens de parler étant bien établis, c'est aux Conseillers à travailler en gens de bien, selon certaines maximes générales, desquelles dépend la bonne administration des Etats.

Bien qu'on pût en proposer beaucoup qui sembleroient être très-utiles, les sciences étant beaucoup plus excellentes & plus faciles à comprendre, que les principes sont en moindre nombre ; je déduirai ceux dont j'ai estimé qu'il faut se servir au Gouvernement de ce Royaume, à neuf tout-à-fait nécessaires à mon avis.

Si quelques-uns d'iceux ont diverses branches, elles n'augmenteront pas pourtant leur nombre, non plus que celles de tous les arbres que nous voyons n'en multiplient pas les corps.

CHA-

CHAPITRE IX.

*Le premier fondement du bonheur d'un
Etat , est l'établissement du Regne
de Dieu.*

LE Regne de Dieu est le principe
du Gouvernement des Etats, & en
effet c'est une chose si absolument nécessaire que sans son fondement il n'y
a point de Prince qui puisse bien regner, ni d'Etat qui puisse être heureux.

Il seroit aisé de faire des volumes
entiers sur un sujet si important, auquel
l'Ecriture, les Peres, & toutes sortes
d'Histoires nous fourniroient un nombre infini d'exemples, de principes &
d'exhortations qui conspirent à une
même fin. Mais c'est une chose si connue d'un chacun par sa propre raison,
qu'il ne tire pas son être de lui-même,
mais qu'il a un Dieu pour Créateur, &
par conséquent pour Directeur , qu'il
n'y a personne qui ne sente que la nature a imprimé cette vérité dans son
cœur , avec des caractéres qui ne peuvent s'effacer.

Tant

Tant de Princes se sont perdus, eux & leurs Etats pour fonder leur conduite sur un jugement contraire à leur propre connoissance, & tant d'autres ont été comblés de bénédictions pour avoir soumis leur autorité à celle dont elle dérivoit, pour n'avoir cherché leur grandeur qu'en celle de leur Créateur, & pour avoir eu plus de soin de son Regne que du leur propre, que je ne m'étendrai pas davantage sur une vérité trop évidente pour avoir besoin de preuve.

Seulement, dirai-je, en un mot, qu'ainsi qu'il est impossible que le regne d'un Prince qui laisse regner le désordre & le vice en son Etat soit heureux; aussi Dieu ne souffrira-t'il pas aisément que celui-là soit malheureux, qui aura un soin particulier d'établir son Empire dans l'étendue de sa domination.

Rien n'est plus utile à un établissement que la bonne vie des Princes, laquelle est une loi parlante & obligeante avec plus d'efficace, que toutes celles qu'ils pourroient faire pour contraindre au bien qu'ils veulent procurer.

S'il est vrai qu'en quelque crime que puisse tomber un Souverain, il péche

plus

plus par le mauvais exemple , que par
la nature de fa faute ; il n'eft pas moins
indubitable que quelques Loix qu'il
puiffe faire , s'il pratique ce qu'il pref-
crit , fon exemple n'eft pas moins utile
à l'obfervation de fes volontés , que
toutes les peines de fes ordonnances ,
pour graves qu'elles puiffent être.

La pureté d'un Prince chafte bannira
plus d'impureté de fon Royaume , que
toutes les Ordonnances qu'il fçauroit
faire à cette fin.

La prudence & la retenue de célui
qui ne jurera point, retranchera plutôt
tous les fermens & blafphèmes trop ordinaires dans les Etats, que quelque rigueur qu'il puiffe exercer contre ceux
qui s'adonhent à telles exécrations.

Ce n'eft pas pour cela qu'il faille
s'abftenir de faire rigoureufement châtier les fcandales, les juremens & les
blafphêmes, au contraire, on ne fçauroit y être trop exaét, & pour fainte &
exemplaire que puiffe être la vie d'un
Prince & d'un Magiftrat, ils ne feront
jamais cenfés faire ce qu'ils doivent, fi
en y conviant par leur exemple , ils n'y
contraignent par la rigueur des Loix.

Il n'y a point de Souverain au monde

de qui ne foit obligé par ce principe à procurer la converfion de ceux, qui vivans fous fon Regne, font dévoyés du chemin de falut ; mais comme l'homme eft raifonnable de fa nature, les Princes font cenfés avoir en ce point fatisfait à leur obligation, s'ils pratiquent tous les moyens raifonnables pour arriver à une fi bonne fin ; & la prudence ne leur permet pas d'en tenter de fi hazardeux qu'ils puiffent déraciner le bon bled, en voulant déraciner la zizanie, dont il feroit difficile de purger un Etat par autre voie que celle de la douceur, fans s'expofer à un ébranlement capable de le perdre, ou au moins de lui caufer un notable préjudice.

Comme les Princes font obligés d'établir le vrai culte de Dieu, ils doivent être fort foigneux d'en bannir les fauffes apparences fi préjudiciables aux Etats, qu'on peut dire avec vérité, que l'hypocrifie a fouvent fervi de voile pour couvrir la laideur des plus pernicieufes entreprifes.

Beaucoup d'efprits dont la foibleffe eft équipollente à la malice, fe fervent quelquefois de ce genre de rufe, d'autant plus ordinaire aux femmes, que
leur

leur fexe eft plus porté à la dévotion ,
& que le peu de force dont il eft accompagné , les rend plus capables de
tels déguifemens , qui fuppofent moins
de folidité que de fineffe.

CHAPITRE XI.

La raifon doit être la régle & conduite d'un
Etat.

LA lumiere naturelle fait connoître
à un chacun , que l'homme ayant
été fait raifonnable , il ne doit rien
faire que par raifon , puifqu'autrement
il feroit contre fa nature , & par conféquent contre lui-même qui en eft
l'auteur.

Elle enfeigne encore , que plus un
homme eft grand & élevé , plus il doit
faire état de ce privilége , & moins
doit-il abufer du raifonnement qui
conftitue fon être ; parce que les avantages qu'il a fur les autres hommes ,
contraignent à conferver , & ce qui eft
de la nature & ce qui eft de la fin , que
celui dont il tire fon élevation s'eft propofé.   De

De ces deux principes, il s'enfuit clairement que fi l'homme eft fouverainement raifonnable, il doit fouverainement faire regner la raifon ; ce qui ne requiert pas feulement qu'il faffe rien fans elle, mais l'oblige de plus à faire, que tous ceux qui font fous fon autorité la révérent & la fuivent religieufement.

Cette conféquence eft la fource d'une autre, qui nous enfeigne, qu'ainfi qu'il ne faut rien vouloir qui ne foit raifonnable & jufte, il ne faut rien vouloir de tel que l'on ne faffe exécuter, & où les commandemens ne foient fuivis d'obéiffance, parce qu'autrement la raifon ne regneroit pas fouverainement.

La pratique de cette régle eft d'autant plus aifée, que l'amour eft le plus puiffant motif qui oblige à obéir, & qu'il eft impoffible que des fujets n'aiment pas un Prince, s'ils connoiffent que la raifon foit la guide de toutes fes actions.

L'autorité contraint à l'obéiffance; mais la raifon y perfuade, & il eft bien plus à propos de conduire les hommes par des moyens qui gagnent infenfiblement

blement leur volonté, que par ceux, qui le plus souvent ne les font agir qu'entant qu'ils les forcent.

S'il est vrai que la raison doit être le flambeau qui éclaire les Princes en leur conduite & en celle de leurs Etats ; est-il encore vrai que n'y ayant rien au monde qui compatisse moins avec elle que la passion qui aveugle tellement, qu'elle fait quelquefois prendre l'ombre pour le corps ; un Prince doit surtout éviter d'agir par un tel principe, qui le rendroit d'autant plus odieux, qu'il est directement contraire à celui qui distingue l'homme d'avec les animaux.

On se repent souvent à loisir de ce que la passion a fait faire avec précipitation, & on n'a jamais lieu de faire le même des choses, ausquelles on s'est porté par des considérations raisonnables.

Il faut vouloir fortement ce qu'on a résolu par de semblables motifs, puisque c'est le seul moyen de se faire obéïr, & qu'ainsi que l'humilité est le premier fondement de la perfection Chrétienne, l'obéïssance est le plus solide de celle de la sujettion, si nécessaire

faire

faire à la subsistance des Etats, que si elle est défectueuse ils ne peuvent être florissans.

Il y a beaucoup de choses qui sont de cette nature, qu'entre le vouloir & le faire il n'y a point de différence, à cause de la facilité qui se trouve en leur exécution ; mais il le faut vouloir efficacement, c'est-à-dire, avec telle fermeté qu'on le veuille toujours, & qu'après en avoir commandé l'exécution, on fasse châtier sévérement ceux qui n'obéissent pas.

Celles qui paroissent les plus difficiles, & presque impossibles, ne le font que par l'indifférence avec laquelle il semble qu'on les veuille & qu'on les ordonne ; & il est vrai que les sujets seront toujours religieux à obéir, lorsque les Princes seront fermes & persévérans à commander, d'où il s'ensuit que c'est une chose certaine que leur indifférence & leur foiblesse en font la cause.

En un mot, ainsi que vouloir fortement, & faire ce qu'on veut, est une même chose en un Prince autorisé en son Etat, ainsi vouloir foiblement & ne vouloir pas, font si peu différens,
qu'ils

qu'ils aboutiſſent à une même fin.

Le Gouvernement du Royaume requiert une vertu mâle & une fermeté inébranlable, contraire à la moleſſe, qui expoſe ceux en qui elle ſe trouve, aux entrepriſes de leurs ennemis.

Il faut en toutes choſes agir avec vigueur, vu principalement que quand même le ſuccès de ce qu'on entreprend ne ſeroit pas bon, au moins aura-t'on cet avantage, que n'ayant rien omis de ce qui le pouvoit faire réuſſir, on évitera la honte, lorſqu'on ne peut éviter le mal d'un mauvais événement.

Quand même on ſuccomberoit en faiſant ſon devoir, la diſgrace ſeroit heureuſe ; & au contraire, quelque bon ſuccès qu'on puiſſe avoir, en ſe relâchant de ce à quoi on eſt obligé par honneur & par conſcience, il doit être eſtimé malheureux, puiſqu'il ne ſçauroit emporter aucun profit qui égale les déſavantages qu'on reçoit du moyen par lequel il a été procuré.

Par le paſſé, la plupart des grands deſſeins de la France ſont allés en fumée, parce que la premiere difficulté qu'on rencontroit en leur exécution, arrêtoit tous ceux qui par la raiſon ne devoient

voient

voient pas laiſſer que de les pourſuivre , & s'il eſt arrivé autrement durant
le Regne de V. M. la perſévérance avec
laquelle on a conſtamment agi en eſt la
cauſe.

Si une fois on n'eſt pas propre à l'exécution d'un bon deſſein , il en faut attendre un autre , & lorſqu'on a mis la
main à l'œuvre , ſi les difficultés qu'on
rencontre obligent à quelque ſurſéan-
ce , la raiſon veut qu'on reprenne ſes
premieres voies , auſſi-tôt que le tems
& l'occaſion ſe trouveront favorables.

En un mot , rien ne doit détourner
d'un bonne entrepriſe , ſi ce n'eſt qu'il
arrive quelque accident qui la rende
tout-à-fait impoſſible , & il ne faut rien
oublier de ce qui peut avancer l'exécution de celles qu'on a réſolues avec raiſon.

C'eſt ce qui m'oblige de parler en ce
lieu du ſecret & de la diſcipline qui
ſont ſi néceſſaires au bon ſuccès des affaires, que rien ne le peut davantage.

Outre que l'expérience en fait foi ,
la raiſon en eſt evidente , vu que ce qui
ſurprend , étonne d'ordinaire de telle
ſorte , qu'il ôte ſouvent les moyens de
s'y oppoſer , & que pourſuivre lentement

ment l'exécution d'un deffein & le divulguer, eft le même que parler d'une chofe pour ne la pas faire.

De-là vient que les femmes pareffeufes & peu fecrettes de leur nature, font fi peu propres au Gouvernement, que fi on confidére encore qu'elles font fort fujettes à leurs paffions, & par conféquent peu fufceptibles de raifon & de juftice, ce feul principe les exclud de toutes les adminiftrations publiques.

Ce n'eft pas qu'il ne s'en puiffe trouver quelqu'une tellement exemte de ces défauts qu'elle pourroit y être admife.

Il y a peu de régles qui ne foient capables de quelque exception, ce fiécle même en a porté quelqu'une qu'on ne fçauroit affez louer ; mais il eft vrai qu'ordinairement leur moleffe les rend incapables d'une vertu mâle, néceffaire à l'adminiftration, & qu'il eft prefque impoffible que leur Gouvernement foit exemt, ou de baffeffe ou de diminution, dont la foibleffe de leur fexe eft la caufe, ou d'injuftice ou de cruauté, dont le déréglement de leurs paffions, qui leur tient lieu de raifon, eft la vraie fource.

CHA-

CHAPITRE XI.

Qui montre que les intérêts publics doi-
vent être l'unique fin de ceux qui gou-
vernent les Etats , ou du moins qu'ils
doivent être préférés aux particuliers.

LEs intérêts publics doivent être
l'unique fin du Prince & de ses
Conseillers , ou du moins les uns & les
autres sont obligés de les avoir en si
singuliere recommandation , qu'ils les
préférent à tous les particuliers.

Il est impossible de concevoir le bien
qu'un Prince & ceux dont il se sert en
ses affaires , peuvent faire , s'ils suivent
religieusement ce principe , & on ne
sçauroit s'imaginer le mal qui arrive à
un Etat , quand on préfére les intérêts
particuliers aux publics, & que ces derniers sont réglés par les autres.

La vraie Philosophie, la Loi Chrétienne, & la Politique , enseignent si
clairement cette vérité, que les Conseillers d'un Prince ne sçauroient lui
mettre trop souvent devant les yeux un

Tome I.   O   prin-

principe si nécessaire, ni le Prince châtier assez sévérement ceux de son Conseil, qui sont assez misérables pour ne le pratiquer pas.

Je ne puis que je ne remarque à ce propos, que la prospérité qui a toujours accompagné l'Espagne depuis quelques siécles, n'a point d'autre cause que le soin que son Conseil a eu de préférer les intérêts de l'Etat à tous autres, & que la plupart des malheurs qui sont arrivés à la France, ont été causés par le trop grand attachement que beaucoup de ceux qui ont été enployés à l'administration ont eu à leurs propres intérêts au préjudice de ceux du Public.

Les uns ont toujours suivi les intérêts du Public, qui par la force de leur nature, les ont tirés à ce qui s'est trouvé le plus avantageux à l'Etat.

Et les autres accommodant toutes choses, ou à leur utilité ou à leur caprice, les ont souvent détournés de leur propre fin, pour les conduire à celles qui leur étoient ou plus agréables ou plus avantageuses.

La mort ou le changement des Ministres n'ont jamais apporté de muta-
tion

tion au Conseil d'Espagne ; mais il n'en
a pas été de même en ce Royaume , où
les affaires n'ont pas seulement été
changées par le changement des Conseillers , mais elles ont pris tant de
diverses formes sous les mêmes par la
diversité de leurs conseils , qu'un tel
procédé eût assurément ruiné cette Monarchie , si Dieu par sa bonté ne tiroit
des imperfections de notre Nation , le
reméde des maux dont elle est cause. Si
la diversité de nos intérêts & notre inconstance naturelle nous portent souvent dans des préjugés effroyables , notre legéreté même ne nous permet pas
de demeurer fermes & stables en ce qui
est de notre propre bien , & nous en
tire si promptement , que nos ennemis
ne pouvant prendre de justes mesures
sur des variétés si fréquentes , n'ont pas
le loisir de profiter de nos fautes.

Votre Conseil ayant changé de procédé depuis certain tems , vos affaires ont
aussi changé de face au grand bien du
Royaume ; & si à l'avenir on continue
de suivre l'exemple du Regne de V. M.
nos voisins n'auront pas l'avantage
qu'ils ont eu par le passé. Mais ce
Royaume partageant la sagesse avec

O 2   eux ,

eux , aura fans doute part à la bonne fortune , puifqu'encore qu'être fage & heureux ne foit pas toujours une même chofe, le meilleur moyen qu'on puiffe prendre pour n'être pas malheureux , eft de prendre le chemin qu'enfeignent la prudence & la raifon , & non le déréglement affez ordinaire aux efprits des hommes , & particuliérement à ceux des François.

Si ceux en qui V. M. fe confiera du foin de fes affaires , ont la capacité & la probité dont j'ai parlé ci-deffus, Elle n'aura plus à fe garder en ce qui concerne ce principe , ce qui de foimême ne lui fera pas difficile , puifque l'intérêt de la propre réputation du Prince & ceux du Public n'ont qu'une même fin.

Les Princes confentent fort aifément aux réglemens généraux de leurs Etats, parce qu'en les faifant, ils n'ont devant les yeux que la raifon & la juftice qu'on embraffe volontiers lorfqu'on ne trouve point d'obftacles qui détournent du bon chemin. Mais quand l'occafion fe préfente de mettre en pratique les bons établiffemens qu'ils ont fait , ils ne montrent pas toujours la même fermeté ; parce que c'eſt lorſque les intérêts du tiers & du quart , la pitié , la com-paſſion , la faveur & les importunités les ſollicitent & s'oppoſent à leurs bons deſſeins , & qu'ils n'ont pas ſouvent aſſez de force pour ſe vaincre eux - mê-mes & mépriſer des conſidérations par-ticulieres qui ne doivent être de nul poids au reſpect des publiques.

C'eſt en telles occaſions qu'ils doi-vent recueillir toute leur force contre leur foibleſſe , ſe remettant devant les yeux que ceux que Dieu deſtine à con-ſerver les autres , n'en doivent avoir que pour voir ce qui eſt avantageux au Public , & pour leur conſervation tout enſemble.

CHAPITRE XII.

Combien la prévoyance eſt néceſſaire au Gouvernement de l'Etat.

RIEN n'eſt plus néceſſaire au Gou-vernement d'un Etat que la pré-voyance , puiſque par ſon moyen on peut aiſément prévenir beaucoup de

O 3　　maux

maux, qui ne fe peuvent guérir qu'avec de grandes difficultés quand ils font ar-rivés.

Ainfi que le Médecin qui peut pré-venir les maladies, eft plus eftimé que celui qui travaille à les guérir ; ainfi les Miniftres d'Etat doivent-ils fouvent fe remettre devant les yeux, & repré-fenter à leur maître qu'il eft plus im-portant de confidérer l'avenir que le préfent, & qu'il eft des maux comme des ennemis d'un Etat, au devant def-quels il vaut mieux s'avancer, que de fe réferver à les chaffer après leur ar-rivée.

Ceux qui en uferont autrement tom-beront en de très-grandes confufions, aufquelles il fera bien difficile d'appor-ter enfuite du reméde.

Cependant c'eft une chofe ordinaire aux efprits communs de fe contenter de pouffer le tems avec l'épaule, & d'aimer mieux conferver leur aife un mois durant, que de s'en priver ce peu de tems, pour fe garantir du trouble de plufieurs années qu'ils ne confidérent pas, parce qu'ils ne voyent que ce qui eft préfent, & n'anticipent pas le tems par une fage prévoyance.

Ceux

Ceux qui vivent au jour la journée, vivent heureusement pour eux, mais on vit malheureusement sous leur conduite.

Qui prévoit de loin, ne fait rien par précipitation, puisqu'il y pense de bonne heure, & il est difficile de mal faire lorsqu'on y a pensé auparavant.

Il y a certaines occasions ausquelles il n'est pas permis de délibérer longtems, parce que la nature des affaires ne le permet pas. Mais en celles qui ne sont pas de ce genre, le plus sûr est de dormir sur les affaires, & de récompenser par la sagesse de l'exécution le délai qu'on prend pour la mieux résoudre.

Il a été un tems qu'on ne donnoit en ce Royaume aucun ordre par précaution, & lors même que les maux étoient arrivés, l'on n'y apportoit que des remédes palliatifs, parce qu'il étoit impossible d'y pourvoir absolument, sans blesser le tiers & le quart de l'intérêt particulier, qu'on préféroit alors au public ; cela faisoit qu'on se contentoit d'adoucir les playes au lieu de les guérir, ce qui a causé beaucoup de maux dans ce Royaume.

O 4　　Main-

Maintenant on a, graces à Dieu, depuis quelques années, changé cette façon d'agir avec un succès si heureux, qu'outre que la raison nous convie à la continuer, le grand fruit qu'on en a reçu y oblige très-étroitement.

Il faut dormir comme le lion, sans fermer les yeux, qu'on doit avoir continuellement ouverts pour prévoir les moindres inconvéniens qui peuvent arriver, se souvenir qu'ainsi que la phtisie ne rend pas le poux ému, bien qu'elle soit mortelle. Ainsi arrive-t'il souvent dans les Etats, que les maux qui sont imperceptibles de leur origine, & dont on a moins de sentiment, sont les plus dangereux, & ceux qui viennent enfin à être de plus grande conséquence.

L'extraordinaire soin qu'il faut avoir pour n'être point surpris en telles occasions, fait qu'ainsi qu'on a toujours estimé les Etats gouvernés par des gens sages, bienheureux ; aussi on a cru qu'entre ceux qui les gouvernoient, ceux qui étoient les moins sages étoient les plus heureux.

Plus un homme est habile, plus ressent-il le faix du Gouvernement dont il est chargé.

Une

Une adminiftration publique occupe tellement les meilleurs efprits, que les perpétuelles méditations qu'ils font contraints de faire pour prévoir & prévenir les maux qui peuvent arriver, les privent de repos & de contentement hors de celui qu'ils peuvent recevoir, voyant beaucoup de gens dormir fans crainte à l'ombre de leurs veilles, & vivre heureux par leur mifere.

Comme il eft néceffaire de voir autant qu'il eft poffible par avance, quel peut être le fuccès des deffeins qu'on entreprend pour ne fe tromper pas en fon compte, la fageffe & la vue des hommes ayant toujours des bornes au de-là defquelles elle n'apperçoit rien, & n'y ayant que Dieu qui puiffe voir la derniere fin des chofes ; il fuffit fouvent de fçavoir que les projets qu'on fait font juftes & poffibles pour s'y embarquer avec raifon.

Dieu concourt à toutes les actions des hommes par une coopération générale qui fuit leur deffein, & c'eft à eux d'ufer en toutes chofes de leur liberté felon la prudence dont la Divine fageffe les a rendus capables.

Mais lorfqu'il s'agit de grandes en-

tre-

treprifes qui concernent la conduite des hommes, après avoir fatisfait à l'obligation qu'ils ont d'ouvrir doublement les yeux pour mieux prendre leurs mefures, après s'être fervis de toute la confidération dont l'efprit humain eft capable, ils doivent fe repofer fur la bonté de l'efprit de Dieu, qui infpirant quelquefois aux hommes ce qui eft de toute éternité dans fes décrets, les conduit comme par la main à leurs propres fins.

CHAPITRE XIII.

La peine & la récompenfe font deux points tout-à-fait néceffaires à la conduite des Etats.

C'EST un dire commun, mais d'autant plus véritable qu'il a été de tout tems en la bouche & en l'efprit de tous les hommes, que la peine & la récompenfe font les deux points les plus importans pour la conduite d'un Royaume.

Il eft certain que quand même on ne
fe

fe ferviroit point au Gouvernement des Etats d'aucun principe que de celui d'être infléxible à châtier ceux qui les deffervent, & religieux à récompenfer ceux qui leur procurent quelque notable avantage, on ne fçauroit les mal gouverneurs, n'y ayant perfonne qui ne foit capable d'être contenu dans fon devoir par la crainte ou par l'efpérance.

Je fais marcher la peine devant la récompenfe, parce que s'il fe falloit priver de l'une des deux, il vaudroit mieux fe difpenfer de la derniere que de la premiere.

Le bien devant être embraffé pour l'amour de foi-même, à la grande rigueur on ne doit point de récompenfe à celui qui s'y porte. Mais n'y ayant point de crime qui ne viole ce à quoi on eft obligé, il n'y en a point qui n'oblige à la peine qui eft dûe à la défo-béïffance, & cette obligation eft fi étroite, qu'en beaucoup d'occafions on ne peut laiffer une faute impunie fans en commettre une nouvelle.

Je parle des fautes qui bleffent l'Etat par deffein projetté, & non de plufieurs autres qui arrivent par hazard &

 par

par malheur , aufquelles les Princes peuvent & doivent ufer d'indulgence.

Bien que pardonner en tel cas foit une chofe louable , ne châtier pas une faute de conféquence , & dont l'impunité ouvre la porte à la licence , c'eft une omiffion criminelle.

Les Théologiens en demeurent d'accord auffi-bien que les Politiques , & tous conviennent qu'en certaines rencontres où les Princes feroient mal de ne pardonner pas à ceux qui font chargés du Gouvernement Public , ils feroient auffi inexcufables , fi au lieu d'une févére punition ils ufoient d'indulgence.

L'expérience apprenant à ceux qui ont une longue pratique du monde , que les hommes perdent facilement la mémoire des bienfaits , & que lorfqu'ils en font comblés, le defir d'en avoir de plus grands , les rend fouvent ambitieux & ingrats tout enfemble ; elle nous fait connoître auffi que les châtimens font un moyen plus affuré pour contenir un chacun dans fon devoir ; vu qu'on les oublie d'autant moins , qu'ils font impreffion fur nos fens , plus puiffans fur la plupart des

hommes

hommes que la raison , qui n'a point de force fur beaucoup d'efprits.

Etre rigoureux envers les particuliers qui font gloire de méprifer les Loix & les Ordonnances d'un Etat , c'eft être bon pour le Public ; & on ne fçauroit faire un plus grand crime contre les intérêts publics , qu'en fe rendant indulgent envers ceux qui les violent.

Entre plufieurs Monopoles , factions & féditions qui fe font faites de mon tems dans ce Royaume , je n'ai jamais vu que l'impunité ait porté aucun efprit naturellement à fe corriger de fa mauvaife inclination ; mais au contraire font retournés à leur premier vomiffement , & fouvent avec plus d'effet la feconde fois que la premiere.

L'indulgence pratiquée jufqu'à préfent en ce Royaume , l'a fouvent mis en de très-grandes & déplorables extrêmités.

Les fautes y étant impunies , chacun y a fait un métier de fa Charge , & fans avoir égard à ce à quoi il étoit obligé pour s'en acquitter dignement , il a feulement confidéré ce qu'il pouvoit faire pour en profiter davantage.

Si les Anciens ont eftimé qu'il étoit

dangereux

dangereux de vivre fous un Prince qui ne veut rien remettre de la rigueur du droit , ils ont auffi remarqué qu'il l'étoit encore davantage de vivre dans un Etat où l'impunité ouvre la porte à toute forte de licences.

Tel Prince ou Magiftrat craindra pécher par trop de rigueur , qui devroit rendre compte à Dieu , & ne fçauroit qu'être blâmé des hommes fages , s'il n'exerçoit pas celle qui eft prefcrite par les Loix.

Je l'ai fouvent repréfenté à V. M. & je la fupplie encore de s'en reffouvenir foigneufement , parce qu'ainfi qu'il fe trouve des Princes qui ont befoin d'être détournés de la févérité , pour éviter la cruauté à laquelle ils font portés par leurs inclinations , V. M. a befoin d'être divertie d'une fauffe clemence plus dangereufe que la cruauté même , puifque l'impunité donne lieu d'en exercer beaucoup qu'on ne peut empêcher que par le châtiment.

La Verge , qui eft le Symbole de la Juftice , ne doit jamais être inutile ; je fçai bien auffi qu'elle ne doit pas être fi accompagnée de rigueur , qu'elle foit deftituée de bonté ; mais cette derniere qualité

qualité ne se trouve point en l'indulgence qui autorise les desordres , qui
pour petits qu'ils soient , sont souvent
si préjudiciables à l'Etat, qu'ils peuvent
causer sa ruine.

S'il se rencontre quelqu'un assez mal
avisé pour condamner en ce Royaume
la sévérité nécessaire aux Etats , parce
que jusqu'à présent elle n'y a pas été
pratiquée , il ne faudra que lui ouvrir
les yeux , pour lui faire connoître que
l'impunité jusqu'à présent y a été trop
ordinaire , & la seule cause , que l'ordre & la régle n'y ont jamais eu aucun
lieu , & que la continuation des desordres contraint de recourir aux derniers remédes, pour en arrêter le cours.

Tant de Partis qui se sont faits par
le passé contre les Rois , n'ont point eu
d'autre source que la trop grande indulgence ; enfin pourvu qu'on sçache
notre histoire , on ne peut ignorer cette vérité , dont je produis un témoignage d'autant moins suspect , en ce
dont il s'agit, qu'il est tiré de la bouche
de nos ennemis , ce qui presque en toute autre occasion la rendroit non-rece-
vable.

Le Cardinal Zapata , homme de bon
esprit ,

esprit , rencontrant les sieurs Baraut &
Bautru dans l'anti chambre du Roi son
Maître , un quart-d'heure après que la
nouvelle fut arrivée à Madrid de l'exécution du Duc de Montmorenci , leur
fit cette question ; quelle étoit la plus
grande cause de la mort de ce Duc ?
Bautru répondit promptement, selon la
qualité de son esprit tout de feu , en
Espagnol ; *sus falsas. No* , répartit le
Cardinal ; *pero la Clemensia de los Royes
antepassados* , qui étoit dire proprement
que les fautes que les prédécesseurs du
Roi avoient commises étoient plus cause du châtiment de ce Duc , que les
siennes propres.

En matiere de crime d'Etat , il faut
fermer la porte à la pitié , & méprifer
les plaintes des personnes intéressées ,
& les discours d'une Populace igno-
rante , qui blâme quelquefois ce qui lui
est plus utile , & souvent tout-à-fait
nécessaire.

Les Chrétiens doivent perdre la mémoire des offenses qu'ils reçoivent en
leur particulier , mais les Magistrats
font obligés de n'oublier pas celles qui
intéressent le Public ; & en effet , les
laisser impunies , est bien plutôt les

com-

commettre de nouveau, que de les pardonner & les remettre.

Il y a beaucoup de gens dont l'ignorance est si grossiere, qu'ils estiment que c'est suffisamment remédier à un mal que d'en faire une nouvelle défense ; mais tant s'en faut qu'il soit ainsi, que je puis dire avec vérité que les nouvelles Loix ne sont pas tant des remédes aux desordres des Etats, que des témoignages de leur maladie, & des preuves assurées de la foiblesse du Gouvernement, attendu que si les anciennes Loix avoient été bien exécutées, il ne seroit besoin ni de les renouveller, ni d'en faire d'autres pour arrêter de nouveaux desordres, qui n'eussent pas plutôt pris cours, que l'on eût vu une grande autorité à punir les maux commis.

Les Ordonnances & les Loix sont tout-à-fait inutiles, si elles ne sont suivies d'exécution si absolument nécessaire, que bien qu'au cours des affaires ordinaires, la Justice requiere une preuve autentique, il n'en est pas de même en celles qui concernent l'Etat, puisqu'en tel cas, ce qui paroît par des conjectures pressantes doit quelquefois

être

être tenu pour suffisamment éclairci ; d'autant que les Partis & les Monopoles qui se forment contre le salut public, se traitent d'ordinaire avec tant de ruse & de secret, qu'on n'en a jamais de preuve évidente, que par leur événement, qui ne reçoit plus de reméde.

Il faut en telles occasions commencer quelquefois par l'exécution, au lieu qu'en toutes autres, l'éclaircissement du droit par témoins ou par pieces irréprochables, est préalable à toutes choses.

Ces maximes semblent dangereuses, & en effet elles ne sont pas entiérement exemtes du péril, mais elles se trouveront très-certainement telles, si ne se servant pas des derniers & extrêmes remédes, aux maux qui ne se vérifieront que par conjectures, l'on en arrête seulement le cours par des moyens innocens, comme l'éloignement ou la prison des personnes soupçonnées.

La bonne conscience & la pénétration d'un esprit judicieux, qui sçavant au cours des affaires, connoît presque aussi certainement le futur que le présent, que le jugement médiocre

par

la vue des chofes mêmes, garantira cette pratique de mauvaife fuite ; & au pis aller, l'abus qu'on y peut commettre n'étant dangereux que pour les particuliers, à la vie defquels on ne touche point par telle voie, elle ne laiffe pas d'être recevable, vu que leur intérêt n'eft pas comparable à celui du Public.

Cependant il faut être fort retenu pour n'ouvrir pas par ce moyen une porte à la tyrannie, dont on fe garantira indubitablement, fi comme j'ai dit ci-deffus, on ne fe fert en cas douteux que de remédes innocens.

Les punitions font fi néceffaires en ce qui concerne l'intérêt public, qu'il n'eft pas même libre d'ufer en ce genre de fautes d'indulgence, compenfant un mal préfent pour un bien paffé, c'eft-à-dire, de laiffer un crime impuni, parce que celui qui l'a commis, a bien fervi en quelqu'autre occafion.

C'eft néanmoins ce qui jufqu'à préfent s'eft fouvent pratiqué en ce Royaume, où nonfeulement les fautes légéres ont été oubliées par la confidération des fervices de grande importance; mais les plus grands crimes abolis par

des

services de nulle considération, ce qui est tout-à-fait insuportable.

Le bien & le mal sont si différens & si contraires, qu'ils ne doivent point être mis en parallele l'un avec l'autre ; ce sont deux ennemis, entre lesquels il ne se doit faire ni quartier ni échange ; si l'un est digne de récompense, l'autre l'est de châtiment, & tous deux doivent être traités selon leur mérite.

Quand même la conscience pourroit souffrir qu'on laissât une action signalée sans récompense, & un crime notable sans châtiment, la raison d'Etat ne le pourroit permettre.

La punition & les bienfaits regardent le futur plutôt que le passé, il faut par nécessité qu'un Prince soit sévére pour détourner les maux qui se pourroient commettre, sur l'espérance d'en obtenir grace, s'il étoit connu trop indulgent, & qu'il fasse du bien à ceux qui sont plus utiles au Public, pour leur donner lieu de continuer à bien faire, & à tout le Monde de les imiter & suivre leur exemple.

Il y auroit plaisir à pardonner un crime, si son impunité ne laissoit point lieu de craindre une mauvaise suite, &

la

la nécessité de l'Etat dispenseroit quel
quefois légitimement de récompense
un service , si en privant celui qui l'a
rendu , de son salaire , on ne se privoit
pas aussi conjointement de l'espérance
d'en recevoir à l'avenir.

Les ames nobles prenant autant de
plaisir du bien , qu'elles ont de peine à
faire du mal , je quitte le discours des
châtimens & des supplices , pour finir
agréablement ce chapitre par les bienfaits & par les récompenses ; sur quoi
je ne puis que je ne remarque , qu'il y
a cette différence entre les graces qui
se font par reconnoissance de service ,
& celles qui n'ont autre fondement que
la pure faveur des Rois , que celles - ci
doivent être grandement modérées , au
lieu que les autres ne doivent avoir
d'autres bornes que celles mêmes des
services qui ont été rendus au Public.

Le bien des Etats requiert si absolument que leurs Princes soient libéraux ,
que s'il m'est quelquefois venu dans
l'esprit qu'il se trouve des hommes ,
qui par leur propension naturelle ne
font pas bienfaisans ; j'ai toujours estimé que ce défaut , blâmable en toute
sorte de personnes , est une dangereu

fe imperfection aux Souverains , qui étant à titre plus particulier que les autres , l'image de leur Créateur , qui par fa nature fait bien à tout le Monde , ne peuvent pas ne l'imiter en ce point , fans en être refponfables devant lui.

La raifon eft , qu'il veut qu'ils prennent plaifir à fuivre fon exemple , & qu'ils diftribuent leurs bienfaits de bonne grace ; autrement obligeant fans cette condition , ils reffemblent aux avares, qui fervent en leurs feftins de bonnes viandes , mais fi mal apprêtées, que ceux qui y font invités les mangent fans aucun plaifir & fans en fçavoir aucun gré à ceux qui en ont fait la dépenfe.

Je m'étendrois davantage fur ce fujet , fi je n'en avois parlé en un autre des Chapitre précédens , repréfentant combien il eft important que les Princes faffent du bien à ceux de leur Confeil qui les ferviront fidélement.

CHA-

CHAPITRE XIV.

Une négociation continuelle ne contribue pas peu au bon succès des affaires.

LEs Etats reçoivent tant d'avantage des négociations continuelles, lorsqu'elles sont conduites avec prudence, qu'il n'est pas possible de le croire si on ne le sçait par expérience.

J'avoue que je n'ai connu cette vérité, que cinq ou six ans après que j'ai été employé dans le maniement des affaires ; mais j'en ai maintenant tant de certitude, que j'ose dire hardiment, que négocier sans cesse ouvertement ou secrettement en tous lieux, encore même qu'on n'en reçoive pas un fruit présent, & que celui qu'on en peut attendre à l'avenir ne soit pas apparent, est chose tout - à - fait nécessaire pour le bien des Etats.

Je puis dire avec vérité avoir vu de mon tems changer tout-à-fait de face les affaires de la France & de la Chrétienté, pour avoir sous l'autorité du Roi,

Roi , fait pratiquer ce principe , jufqu'alors abfolument négligé en ce
Royaume.

Entre les femences , il s'en trouve
qui produifent plutôt leur fruit les unes
que les autres , il y en a qui ne font pas
plutôt en terre , qu'elles germent &
pouffentu ne pointe au dehors , & d'autres y demeurent fort long-tems avant
que de produire un même effet.

Celui qui négocie trouve enfin un
inftant propre pour venir à fes fins ;
& quand même il ne le trouveroit pas ,
au moins eft-il vrai qu'il ne peut rien
perdre , & que par le moyen de fes négociations , il eft averti de ce qui fe
paffe dans le Monde , ce qui n'eft pas
de petite conféquence pour le bien des
Etats.

Les négociations font des remédes
innocens qui ne font jamais de mal , il
faut agir par-tout , près & loin , & fur-
tout à Rome.

Entre les bons Confeils qu'Antoine
Perez donna au feu Roi , il mit en tête
de fe rendre puiffant en cette Cour-là ,
& non fans raifon, puifque les Ambaffadeurs & tous les Princes de la Chrétienté qui s'y trouvent, jugent que ceux

qui

qui sont en cette Cour les plus puissans
en crédit & en autorité , sont ceux en
effet qui ont plus de puissance en eux-
mêmes & plus de fortune ; & en vérité
leur jugement n'est pas mal fondé ,
étant certain que bien qu'il n'y ait personne au Monde qui doive faire tant
d'état de la raison que les Papes , il n'y
a point de lieu où la Puissance soit plus
considérée qu'en leur Cour ; ce qui paroît si clairement , que le respect qu'on
y rend aux Ambassadeurs croît ou dimi-
nue , & change de face tous les jours ,
selon que les affaires de leurs maîtres
vont bien ou mal , d'où il arrive bien
souvent que ces Ministres reçoivent
deux visages en un jour , si un Cou-
rier qui arrive le soir , rapporte des
nouvelles différentes de celles qui sont
venues le matin.

Il est des Etats comme des corps hu-
mains , la bonne couleur qui paroît au
visage de l'homme , fait juger au Médecin qu'il n'y a rien de gâté au dedans,
& de même que ce bon tein procéde de
la bonne disposition des parties nobles & internes , aussi est-il certain que
le moyen le meilleur qu'un Prince
puisse pratiquer pour être bien à Ro-

Tome I,   P   me,

me , eft de bien établir fes affaires au dedans de fes Etats ; & qu'il eft prefque impoffible d'être en grande réputation dans cette Ville , qui a long tems été le Chef , & qui eft le centre du Monde , fans l'être par tout l'Univers , au grand avantage des intérêts publics.

La lumiere naturelle enfeigne à un chacun qu'il faut faire état de fes voifins , parce que comme leur voifinage leur donne lieu de pouvoir nuire , il les met auffi en état de pouvoir fervir ainfi que les déhors d'une Place , qui empêchent qu'on en puiffe d'abord approcher les murailles.

Les médiocres efprits refferrent leurs penfées dans l'étendue des Etats où ils font nés , mais ceux à qui Dieu a donné plus de lumiere , apprenant des Médecins qu'aux plus grands maux, les révolutions fe font violemment par les parties les plus éloignées, ils n'oublient rien pour fe fortifier au loin.

Il faut agir en tous lieux (ce qui eft bien à remarquer) felon l'humeur & les moyens convenables à la portée de ceux avec qui on négocie.

Diverfes Nations ont divers mouvemens, les unes concluent promptement

ce qu'elles veulent faire , & les autres
y marchent à pas de plomb.

Les Républiques sont de ce dernier
genre , elles vont lentement , & d'ordinaire on n'obtient pas d'elles au premier coup ce qu'on demande , mais il
faut se contenter de peu pour parvenir
à davantage.

Comme les grands Corps se meu-
vent plus difficilement que les petits ,
tels genres d'Etat étant composés de
plusieurs têtes , ils sont beaucoup plus
tardifs en leurs résolutions , & en leurs
exécutions que les autres.

Et pour cette raison la prudence oblige ceux qui négocient avec eux de leur
donner du tems, & ne les presser qu'autant que leur constitution naturelle le
permet.

Il est à remarquer , qu'ainsi que les
raisons fortes & solides sont excellentes pour les grands & puissans génies ,
les foibles, sont meilleures pour les médiocres , parce qu'elles sont plus de
leur portée.

Chacun conçoit les affaires selon sa
capacité , les plus grandes semblent ai-
sées & petites aux hommes de bon entendement & de grand cœur , & ceux

qui n'ont pas ces qualités trouvent d'ordinaire tout difficile.

Tels efprits font incapables de connoître le poids de ce qui leur eft propofé, & font quelquefois peu de compte de ce qui en effet eft de grande importance, & quelquefois auffi beaucoup de cas de ce qui ne mérite pas d'être confidéré.

Il faut agir avec un chacun felon la portée de fon efprit ; en certaines occafions tant s'en faut que parler & agir courageufement après qu'on a mis le droit de fon côté, foit courir à une Rupture, qu'au contraire c'eft plutôt la prévenir & l'étouffer en fa naiffance.

En d'autres, au lieu de relever mal à propos de certains difcours faits imprudemment par ceux avec qui l'on traite, il faut les fouffrir avec prudence & adreffe tout enfemble, & n'avoir d'oreilles que pour entendre ce qui fait parvenir à fes fins.

Il y a des gens fi préfomptueux, qu'ils eftiment devoir ufer de bravoure en toutes rencontres, croyant que c'eft un bon moyen pour obtenir ce qu'ils ne peuvent prétendre par raifon, & à quoi ils ne fçauroient contraindre par la force. Ils

Ils penſent avoir fait du mal quand ils ont ménacé d'en faire, mais outre que ce procédé eſt contraire à la raiſon, il ne réuſſit jamais avec les honnêtes gens.

Comme les ſots ne ſont pas bons à négocier, il y a des eſprits fins & délicats qui n'y ſont pas beaucoup plus propres, parce que ſubtiliſant ſur toutes choſes, ils ſont comme ceux qui rompent la pointe des aiguilles les voulant affiler.

Pour bien agir il faut des gens qui tiennent le milieu entre ces deux extrémités; & les plus déliés ſe ſervant de la bonté de leurs eſprits, pour s'empêcher d'être trompés, doivent bien prendre garde de n'en uſer pas pour tromper ceux avec qui ils traitent.

On ſe méfie toujours de celui qu'on voit agir avec fineſſe, & qui donne mauvaiſe impreſſion de la franchiſe & fidélité avec laquelle il doit agir, cela n'avance pas ſes affaires.

Les mêmes paroles ont ſouvent deux ſens, l'un qui dépend de la bonne foi & de l'ingénuité des hommes, l'autre de leur art & ſubtilité, par laquelle il eſt fort aiſé de tourner la vraie ſignification d'un mot, à des explications volontaires. P 3 Les

Les grandes négociations ne doivent pas avoir un seul moment d'intermiſſion , il faut pourſuivre ce qu'on entreprend avec une perpétuelle ſuite de deſſeins , enſorte qu'on ne ceſſe jamais d'agir que par raiſon , & non par relâche-d'eſprit , par indifférence des choſes , vacillation de penſées , & par réſolution contraire.

Il ne faut pas auſſi ſe dégoûter par un mauvais événement , puiſqu'il arrive quelquefois que ce qui eſt entrepris avec plus de raiſon , réuſſit avec moins de bonheur.

Il eſt difficile de combattre ſouvent & être toujours vainqueur , & c'eſt une marque d'une extraordinaire bénédiction quand les ſuccès ſont favorables aux grandes choſes , & ſeulement contraires en celles dont l'événement eſt peu important.

C'eſt beaucoup que les négociations ſoient ſi innocentes , qu'on en puiſſe tirer de très-grands avantages , & qu'on n'en puiſſe jamais recevoir de mal.

Si quelqu'un dit qu'il en eſt ſouvent de nuiſibles , je conſens qu'il méſeſtime tout-à-fait mon jugement , s'il ne reconnoît , au cas qu'il veuille ouvrir

les

les yeux, qu'au lieu de pouvoir imputer les mauvais succès qu'il a remarqué
au reméde que je propose, ils ne doivent l'être qu'à ceux qui n'ont pas bien
sçu s'en servir.

Quand même elles ne produiroient autre bien que de gagner tems en certaines occasions, ce qui arrive d'ordinaire,
l'usage en seroit très-recommandable
& utile aux Etats, puisqu'il ne faut
souvent qu'un instant pour éviter une
tempête.

Encore que les alliances qui se con-
tractent souvent par divers mariages
entre les Couronnes, ne produisent pas
toujours le fruit qu'on en peut desirer,
si est-ce qu'il ne les faut pas négliger,
& que c'est souvent une des plus importantes matieres de négociations.

Toujours on tire cet avantage, qu'elles retiennent pour un tems les Etats en
quelque considération de respect les
uns envers les autres, & pour en faire
état, il suffit qu'ils en profitent quelquefois.

Ainsi que pour avoir de bons fruits
il faut enter; les Princes de France qui
tirent leur naissance de parens d'égale
& de haute qualité, doivent être par

P 4   raison

raifon plus élévés , & fans doute leur fang fe conferve d'autant plus illuftre , qu'il eft moins mêlé avec d'autre.

Au refte , les alliances fervent quelquefois à éteindre les ligues & les liaifons entre les Etats , & bien qu'elles ne produifent pas toujours ce bon effet , l'utilité qu'en reçoit la Maifon d'Autriche , fait bien voir qu'elles ne font pas à négliger.

En matiere d'Etat , il faut tirer profit de toutes chofes , & ce qui peut être utile ne doit jamais être méprifé.

Les ligues font de ce genre , le fruit en eft fouvent très-incertain , & cependant il ne faut pas laiffer d'en faire cas; bien eft-il vrai que je ne confeillerai jamais à un Grand Prince de s'embarquer volontairement fur le fondement d'une ligue , en un deffein de difficile exécution , s'il ne fe fent affez fort pour le faire réuffir , quand même fes Collégues viendroient à lui manquer.

Deux raifons me font avancer cette propofition.

La premiere tire fon origine & fa force de la foibleffe des unions , qui ne font jamais trop affurées entre diverfes têtes Souveraines.

La seconde consiste en ce que les petits Princes sont souvent aussi soigneux & diligens à engager les grands Rois en des entreprises d'importance, qu'ils sont paresseux à les y seconder, bien qu'ils y soient étroitement obligés, & qu'il s'en trouve même qui se tirent quelquefois du pair, aux dépens de ceux qu'ils ont embarqués presque contre leur gré.

Bien que ce soit un dire commun, que quiconque a la force, a d'ordinaire la raison, il est vrai toutefois que deux Puissances inégales, jointes par un Traité, la plus grande court risque d'être plus abandonnée que l'autre, la raison en est évidente ; la réputation est si importante à un grand Prince, qu'on ne sçauroit lui proposer aucun avantage qui puisse compenser la perte qu'il feroit, s'il manquoit aux engagemens de sa parole & de sa foi ; & l'on peut faire un si bon parti à celui dont la puissance est médiocre, quoique sa qualité soit souveraine, que probablement il préférera son utilité à son honneur, ce qui le fera manquer à son obligation envers celui qui prévoyant son infidélité, ne sçauroit même se ré-

 soudre

foudre à la prévenir , parce qu'être abandonné de ſes Alliés , ne lui eſt pas de ſi grande conſéquence que le préjudice qu'il recevroit s'il violoit la foi.

Les Rois doivent bien prendre garde aux Traités qu'ils font , mais quand ils font faits , il doivent les obſerver avec Religion.

Je ſçais bien que beaucoup de Politiques enſeignent le contraire , mais ſans conſidérer en ce lieu ce que la Foi Chrétienne nous peut fournir contre ces maximes ; je ſoutiens que puiſque la perte de l'honneur eſt plus que celle de perdre la vie , un grand Prince doit plutôt hazarder ſa perſonne , & même l'intérêt de ſon Etat , que de manquer à ſa parole , qu'il ne peut violer ſans perdre ſa réputation, & par conſéquent la plus grande force des Souverains.

L'importance de ce lieu me fait remarquer qu'il eſt tout-à-fait néceſſaire d'être exact aux choix des Ambaſſadeurs & autres Négociateurs , & qu'on ne ſçauroit être trop ſévere à punir ceux qui outrepaſſent leur pouvoir , puiſque par telles fautes , ils mettent en compromis la réputation des Princes , & le bien des Etats tout enſemble.

La

La facilité ou la corruption de certains esprits, est quelquefois si grande, & la démangeaison qu'ont quelques autres, qui ne sont ni foibles ni méchans de faire quelque chose, est souvent si extraordinaire, que s'ils ne sont retenus dans les bornes qui leur sont prescrites par la crainte de leur perte absolue, il s'en trouvera toujours qui se laisseront plutôt aller à faire de mauvais Traités que de n'en faire point.

J'ai fait tant d'expérience de cette vérité, qu'elle me contraint de finir ce Chapitre, en disant que quiconque manquera à être rigoureux en telles occasions, manquera à ce qui est nécessaire à la subsistance des Etats.

CHAPITRE XV.

Un des plus grands avantages qu'on puisse procurer à un Etat, est de destiner un chacun à l'Emploi qui lui est propre.

IL arrive tant de maux aux Etats par l'incapacité de ceux qui sont employés aux principales Charges, & aux

Commillions les plus importantes , que le Prince & ceux qui ont part à l'adminif-tration de fes affaires , ne fçauroient avoir trop de foin à ce que chacun foit feulement deftiné aux fonctions auf-quelles il eft propre.

Les efprits les plus clairs-voyans étant même quelquefois aveugles en ce qui les touche , & fe trouvant peu d'hommes qui veuillent s'impofer des bornes par les régles de la raifon ; ceux qui fe trouvent en crédit auprès des Princes, croyent toujours être dignes de toutes fortes d'Emplois , & fur ce faux fondement , ils n'oublient rien de ce qu'ils peuvent pour les obtenir.

Cependant il eft vrai que tel qui eft capable de fervir le Public en cer-taines fonctions, fera capable de le rui-ner en d'autres.

J'ai vu arriver de fi étranges incon-véniens par les mauvais choix qui ont été faits de mon tems, que je ne puis que je ne m'écrie fur ce fujet pour en éviter de femblables à l'avenir.

Si les Médecins ne fouffrent pas que l'on faffe une nouvelle épreuve fur des perfonnes de confidération , il eft aifé de concevoir combien il eft dangereux

de

de mettre aux principales Charges de
l'Etat des perſonnes ſans expérience,
donnant lieu par ce moyen à des Ap-
prentifs de faire des coups d'eſſai en des
occaſions où ceux des Maîtres & les
Chefs-d'œuvres ſont néceſſaires.

Rien n'eſt plus capable de ruiner un
Etat qu'un tel procédé, vraie ſource de
toute ſorte de déſordres.

Un Ambaſſadeur mal choiſi pour
faire un grand Traité, peut par ſon
ignorance porter un notable préjudice.

Un Général d'Armée incapable d'un
tel Emploi, eſt capable de hazarder
mal-à-propos toute la fortune de ſon
Maître & le bonheur de ſon Etat.

Un Gouverneur d'une Place importante deſtitué des conditions néceſſaires à ſa garde, peut en un inſtant tellement avancer la ruine de tout un
Royaume, qu'à peine un ſiécle pourra-
t'il reparer ſes fautes.

J'oſe dire au contraire que ſi tous
ceux qui ſont dans les Emplois Publics,
en étoient dignes, les Etats ſeroient
nonſeulement exemts de beaucoup d'accidens qui troublent ſouvent leur repos, mais jouiroient d'une félicité indicible.

Je

Je fçai bien qu'il eft très-difficile de rencontrer des fujets qui ayent toutes les qualités requifes aux Charges qu'on leur deftine ; mais au moins faut-il qu'ils foient pourvus des principales , & lorfqu'on ne peut en trouver d'accomplis , ce n'eft pas une petite fatisfaction de choifir les meilleurs qui fe trouvent en un fiécle ftérile.

Si le mafque dont la plupart des hommes fe couvrent le vifage , & fi les artifices dont ils fe fervent d'ordinaire pour fe déguifer & cacher leurs défauts, les font méconnoître jufqu'à tel point , qu'étant établis dans de grandes Charges , ils paroiffent aux malicieux qu'on les eftimoit pleins de vertu quand on les a choifis ; il faut promptement réparer la méprife, & fi l'indulgence peut faire tolérer quelque légére incapacité , elle ne doit jamais faire fouffrir la malice trop préjudiciable aux Etats pour être tolérée en confidération des intérêts particuliers.

C'eft en cet endroit qu'il faut repréfenter librement aux Rois jufqu'à quel point ils font refponfables devant Dieu quand ils donnent par pure faveur les grands emplois & les Charges qui ne

peuvent

peuvent être possédées par les esprits
médiocres qu'au préjudice des Etats.

C'est en cette occasion qu'il faut faire
connoître qu'en ne condamnant pas
tout-à-fait les affections particulieres
qui n'ont autre fondement qu'une inclination naturelle , qu'on a plutôt
pour une personne que pour une autre ; on peut excufer les Princes qui
fe laiffent aller jufqu'à tel point que de
donner à ceux qu'ils aiment de la forte
des Charges en l'exercice defquelles ils
paroiffent être auffi préjudiciables à
l'Etat , qu'utiles à eux-mêmes.

Ceux qui font fi heureux d'avoir les
bonnes graces des Princes par la force
de leur inclination , doivent auffi l'être
jufqu'à ce point que d'en recevoir des
avantages , quand même ils n'auroient
pas les qualités qui peuvent bien les en
rendre dignes , & le Public ne peut
s'en plaindre avec raifon , fi ce n'eft
qu'ils foient immodérés.

Mais c'eft un finiftre augure pour
un Prince , lorfque celui qui eft le plus
confidérable par fon intérêt , n'eft pas
le plus confideré par la faveur ; & les
Etats ne font jamais en plus mauvais
état que lorfque les inclinations que le
Prince

Prince a pour quelques particuliers prévalent aux services de ceux qui font plus
utiles au Public.

En tel cas, ni l'eſtime du Souverain,
ni l'amour qu'on lui porte, ni l'eſpérance de la récompenſe n'excitent plus
à la vertu, on demeure au contraire
en une indifférence du bien & du mal,
& l'envie & la jalouſie, ou le dépit,
portent un chacun à négliger ſon devoir, parce qu'il n'y a perſonne qui
eſtime qu'en le faiſant, il lui en revien-
ne davantage.

Un Prince qui veut être aimé de ſes
ſujets, doit remplir les principales
Charges, & les premieres Dignités de
ſon Etat, de perſonnes ſi eſtimées de
tout le Monde, qu'on puiſſe trouver la
cauſe de ſon choix dans le mérite.

Tels gens doivent être recherchés
dans toute l'étendue d'un Etat, & non
reçus par importunités, ou choiſis
dans la foule de ceux qui font le plus
de preſſe à la porte du Cabinet des Rois
ou de leurs favoris.

Si la faveur n'a point de lieu aux
Elections, & que le mérite en ſoit le
ſeul fondement, outre que l'Etat ſe
trouvera bien ſervi, les Princes évite-
ront

ront beaucoup d'ingratitudes , qui se trouvent souvent en certains esprits qui sont d'autant moins reconnoissans des bienfaits qu'ils reçoivent, qu'ils les méritent moins ; étant certain que les mêmes qualités qui rendent les hommes dignes du bienfait , sont celles qui les rendent capables & desireux de le reconnoître.

Plusieurs ont de bons sentimens à l'instant qu'on les oblige , mais la constitution de leur nature les emporte peu de tems après , & ils oublient aisément ce qu'ils doivent à autrui , parce qu'ils ne s'attachent qu'à eux-mêmes ; & comme le feu convertit tout en sa substance , ils ne considérent les intérèts Publics que pour les convertir à leur avantage , & méprisent également ceux qui leur font du bien , & les Etats dans lesquels ils en reçoivent.

La faveur peut innocemment avoir lieu en certaines choses , mais un Royaume est en mauvais état , lorsque le Trône de cette fausse Déesse est élevé au dessus de la raison.

Le mérite doit toujours emporter la balance , & lorsque la justice est d'un côté , la faveur ne peut prévaloir sans injustice.   Les

Les favoris font d'autant plus dangereux, que ceux qui font élevés par la fortune fe fervent rarement de la raifon, & comme elle n'eft pas favorable à leurs deffeins, elle fe trouve d'ordinaire tout-à-fait impuiffante à arrêter le cours de ceux qu'ils font au préjudice de l'Etat.

A dire vrai, je ne vois rien qui foit fi capable de ruiner le plus floriffant Royaume du Monde, que l'appétit de telles gens, ou le déréglement d'une femme quand un Prince en eft poffédé.

J'avance d'autant plus hardiment cette propofition, qu'à ce genre de maux il n'y a point de remédes que ceux qui dépendent du hazard & du tems, qui laiffant fouvent périr les malades fans leur donner aucun fecours, doivent être cenfés les plus mauvais Médecins du Monde.

Ainfi que la plus éclatante lumiere ne fait pas qu'un aveugle entre-apperçoive feulement fon chemin, auffi n'y a-t'il aucun rayon qui puiffe déffiller les yeux d'un Prince qui les a couverts de faveur & de paffion.

Quiconque a les yeux bandés, ne fçauroit faire de bon choix que par hazard

zard, & partant le salut de l'Etat requerant qu'on les fasse toujours tels par raison , il requiert aussi que les Princes ne soient possédés par des personnes qui les privent de la lumiere , dont ils ont besoin pour voir les objets qu'on leur met devant les yeux.

Lorsque le cœur des Princes est pris par telle voie , il est presque inutile de bien faire , parce que les artifices de ceux qui sont maîtres de leurs affections noircissent les plus pures actions, & font souvent passer les services les plus signalés pour des offenses.

Plusieurs Princes se sont perdus pour avoir préféré leur affection particuliere aux intérêts Publics.

Tels malheurs sont arrivés à quelques-uns , par l'excès des passions déréglées qu'ils ont eu pour les femmes.

Quelques-uns sont tombés en pareils inconvéniens par une simple & si aveugle passion qu'ils ont eue pour leurs favoris , que pour élever leur fortune , ils ont ruiné la leur propre.

Il y en a eu d'autres , qui n'aimant rien naturellement , n'ont pas laissé d'avoir des mouvemens si violens en faveur de certains particuliers ,

qu'ils

qu'ils ont été caufe de leur perte.

On s'étonnera peut-être de cette propofition, qui eft cependant auffi véritable, qu'elle eft aifée à concevoir, &
fi l'on confidére que tels mouvemens
font maladies aux efprits qui en font
agités, & qu'ainfi que la caufe des fiévres eft la corruption des humeurs,
auffi peut-on dire que ces fortes d'affections violentes font plutôt fondées
fur le défaut de celui en qui elles fe
trouvent, que fur le mérite de ceux qui
en reçoivent l'effet & l'avantage.

Tels maux portent d'ordinaire leur
reméde avec eux, en ce qu'étant violens, ils font de peu de durée, mais
lorfqu'ils continuent, ils apportent fouvent ainfi que les fiévres de cette nature, la mort aux malades, ou un défaut
de fanté qui fe répare enfuite difficilement.

Les plus fages Princes ont évité tous
ces divers genres de maux, en réglant
tellement leurs affections, que la feule raifon en fût la guide.

Beaucoup s'en font guéris après avoir
connu à leurs dépens, que s'ils ne l'euf-
fent fait, leur ruine étoit inévitable.

Pour revenir précifément au point
de

de la queſtion propoſée en ce Chapitre, qui a pour but de faire connoître
combien il eſt important de faire diſ-
cerner ceux qui ſont les plus propres
aux emplois; je le finirai, en diſant
que puiſque l'intérêt des hommes eſt
ce qui d'ordinaire les fait malverſer aux
Charges qui leur ſont commiſes, les
Eccléſiaſtiques ſont ſouvent préféra-
bles à beaucoup d'autres, lorſqu'il eſt
queſtion de grands Emplois, non pour
être moins ſujets à leurs intérêts, mais
parce qu'ils en ont beaucoup moins
que les autres hommes, puiſque n'ayant
ni femmes ni enfans, ils ſont libres
des liens qui attachent davantage.

CHAPITRE XVI.

Du mal que les flatteurs, médiſans &
faiſeurs d'intrigues cauſent d'ordinaire
aux Etats, & combien il eſt important
de les éloigner d'auprès des Rois, &
les bannir de leur Cour.

IL n'y a point de peſte ſi capable de
ruiner un Etat, que les flatteurs, médiſans,

difans, & certains efprits, qui n'ont autre deffein que de former des cabales & des intrigues dans les Cours.

Ils font fi induftrieux à répandre leur vénin par diverfes façons impercepti-bles, qu'il eft difficile de s'en garantir fi on n'y prend garde de bien près.

Comme ils ne font ni de condition ni de mérite pour avoir part aux affai-res, ni affez bons pour en prendre aux intérêts publics, ils ne fe foucient pas de les troubler ; mais penfant beaucoup gagner dans la confufion, ils n'oublient rien de ce qu'ils peuvent, pour ren-verfer par leurs flatteries, par leurs ar-tifices & par leurs médifances, l'ordre & la régle qui les privent d'autant plus abfolument de toute efpérance de for-tune, qu'en un Etat bien difcipliné on n'en peut bâtir que fur le fondement du mérite dont ils font deftitués.

Outre que c'eft une chofe ordinaire, que quiconque n'eft point d'une affaire tâche à la ruiner, il n'y a point de maux que telles gens ne puiffent faire ; & par-tant il n'y a point de précautions que les Princes ne doivent prendre contre la malice, qui fe voile en tant de fa-çons, qu'il eft fouvent difficile de s'en garantir.   Il

Il s'en trouve, qui deſtitués de cœur
& d'eſprit, ne laiſſent pas d'en avoir
aſſez pour feindre une auſſi grande fermété qu'une profonde & févére ſageſſe, & ſe faire valoir, en trouvant à redire à toutes les actions d'autrui, lors
même qu'elles ſont les plus louables,
& qu'il eſt impoſſible d'en faire de meilleures au ſujet dont il s'agit.

Il n'y a rien de ſi aiſé que de trouver des raiſons apparentes pour condamner ce qui ne ſe peut faire mieux,
& ce qui a été entrepris avec de ſi ſoli-
des fondemens, qu'on n'eût pu ne les
pas faire ſans commettre une notable
faute.

D'autres n'ayant ni bouche ni épe-
ron, improuvent par leurs geſtes, par
leur branlement de tête, & par une gri-
mace ſérieuſe, ce qu'ils n'oſeroient
condamner de paroles, & qui ne peut
être blâmé par raiſon.

Pour ne point flatter lorſqu'il s'agit
de telles gens, ce n'eſt point aſſez au
Prince de leur interdire ſon oreille,
mais il faut les bannir du Cabinet & de
la Cour tout enſemble, parce qu'outre
que leur facilité eſt quelquefois ſi grande, qu'entre leur parler & leur per-
ſuader

fuader il n'y a point de différence , lors
même qu'ils ne peuvent être perfuadés,
il ne laiffe pas de leur demeurer quelque impreffion , qui fait fon effet une
autre fois , s'ils font rebattus de même
artifice ; & en effet , le peu d'application qu'ils ont aux affaires , les porte
fouvent à juger le Procès , plutôt par
le nombre des témoins que par le poids
des accufations.

A peine pourrois-je rapporter tous les
maux dont ces mauvais efprits ont été
auteurs pendant le Regne de V. M.
mais j'en ai un fi vif reffentiment pour
l'intérêt de l'Etat , qu'il me contraint
de dire qu'il faut être impitoyable envers telles gens , pour prévenir pareils
mouvemens à ceux qui font arrivés de
mon tems.

Pour ferme & conftant que foit un
Prince , il ne peut fans grande imprudence , & fans s'expofer à fa perte, conferver auprès de lui de mauvais efprits
qui peuvent le furprendre à l'imprévu,
ainfi que pendant la contagion une va-
peur maligne faifit en un inftant le
cœur & le cerveau des hommes les plus
forts & robuftes , lorfqu'ils penfent
être les plus fains.

II

Il faut chasser ces pestes publiques,
& ne les rapprocher jamais, s'ils n'ont
entiérement déposé leur venin, ce qui
arrive si peu souvent, que le soin qu'on
doit avoir du repos, oblige plutôt à la
continuation de leur éloignement, que
la charité ne convie à leur rappel.

Je mets hardiment cette proposition
en avant, parce que je n'ai jamais vu
aucuns esprits amateurs de factions, &
nourris aux intrigues de la Cour, perdre leurs mauvaises habitudes & changer de nature, que par impuissance; qui
même à parler proprement, ne les change pas, puisque la volonté de mal faire
leur demeure, lorsqu'ils n'en ont plus
de pouvoir.

Je sçais bien que quelques-uns de
ces mauvais esprits peuvent sincére-
ment se convertir, mais l'expérience
m'apprenant que pour un qui demeure
dans un vrai repentir, il y en a vingt
qui retournent à leur vomissement ; je
décide hardiment qu'il vaut mieux user
de rigueur envers un particulier digne
de grace, que d'exposer l'Etat à quelque préjudice pour être trop indulgent,
ou à ceux qui gardant leur malice dans
le cœur, ne reconnoissent leur faute

 que

que par des lettres , ou à ceux dont la
légéreté doit faire craindre de nouvelles rechutes , pires que leurs premiers
maux.

Que les Anges ne faſſent jamais mal,
ce n'eſt pas merveille , puiſqu'ils ſont
confirmés en grace ; mais que des eſprits obſtinés en genre de malice faſſent bien quand ils peuvent faire mal ,
c'eſt une eſpéce de miracle , dont la
main puiſſante de Dieu eſt la vraie
ſource ; & il eſt certain qu'un homme
de grande probité aura beaucoup plus
de peine à ſubſiſter dans un ſiécle corrompu par telles gens, que celui duquel ils ne craindront pas la vertu ,
pour n'être pas d'une réputation ſi entiere.

On eſtime quelquefois qu'il eſt de la
bonté des Rois de tolérer les choſes
qui ſemblent de peu d'importance en
leur commencement ; & moi je dis,
qu'ils ne ſçauroient être trop ſoigneux
de découvrir & d'étouffer les moindres
intrigues de leurs cabinets & de leurs
Cours en leur naiſſance.

Les grands embraſemens naiſſant de
petites étincelles, quiconque en éteint
une , ne ſçait pas l'incendie qu'il a prévenu ,

venu , mais pour le connoître , s'il en
laiſſe quelqu'une ſans l'éteindre , encore que ſemblables cauſes ne produiſent
pas toujours le même effet, il ſe trouvera peut-être en telle extrémité , qu'il ne
ſçaura plus y apporter reméde. Qu'il
ſoit vrai ou faux qu'un petit poiſſon arrête un grand Vaiſſeau dont il ne ſçauroit avancer le cours d'un ſeul moment , il eſt aiſé de concevoir , par ce
que les naturaliſtes nous rapportent de
ce poiſſon , qu'il faut avoir grand ſoin
de purger un Etat de ce qui peut arrêter le cours des affaires, bien qu'il ne le
puiſſe jamais avancer.

En telles occaſions ce n'eſt pas aſſez
d'éloigner les Grands à cauſe de leur
puiſſance, il faut faire de même des
petits à cauſe de leur malice ; tous ſont
également dangereux , & s'il y a quelque différence, les gens de peu , comme plus cachés , ſont plus à craindre
que les autres.

Ainſi que le mauvais air , dont j'ai
déja parlé, enfermé dans un coffre , in-
fecte ſouvent une maiſon de contagion , laquelle ſe met enſuite dans toute une Ville , ainſi les intrigues des cabinets , rempliſſent ſouvent la Cour des

Q 2   Princes

Princes de partialités, qui troublent enfin le Corps de l'Etat.

Pouvant dire avec vérité que je n'ai jamais vu de troubles en ce Royaume, qui ayent eu d'autre commencement, je répons encore une fois, qu'il est plus important, qu'il ne semble, d'étouffer nonseulement les premieres étincelles de telles divisions lorsqu'elles paroissent, mais encore de les prévenir par l'éloignement de ceux qui n'ont autre soin que de les allumer.

Le repos de l'Etat est une chose trop importante pour pouvoir manquer à ce reméde, sans en être responsable devant Dieu.

J'ai quelquefois vu la Cour au milieu de la paix, si pleine de factions faute de pratiquer ce salutaire conseil, que peu s'en est fallu qu'elles n'ayent renversé l'Etat.

Cette connoissance & celle que l'histoire a pu donner à V. M. de semblable péril, auquel plusieurs, & particulierement les derniers de vos prédécesseurs, se sont trouvés exposés pour même cause, l'ayant contraint de recourir au reméde, j'ai vu la France si paisible en elle-même, pendant qu'elle

avoit

avoit la guerre au dehors, qu'à voir le repos dont elle jouiſſoit, il ne ſembloit pas qu'elle eût les plus grandes puiſſances ſur les bras.

Peut-être dira-t'on que les factions & les troubles dont je viens de parler, ſont plutôt arrivées par l'invention des femmes, que par la malice des flateurs.

Mais tant s'en faut que cette inſtance faſſe rien contre ce que j'ai mis en avant, qu'au contraire elle le confirme puiſſamment, puiſqu'en parlant des flateurs & d'autres eſprits ſemblables, je ne prétens pas exclure les femmes, ſouvent plus dangereuſes que les hommes, & au ſexe deſquelles ſont attachés divers genres d'attraits, plus puiſ-ſans pour pouvoir troubler & renverſer les Cabinets, les Cours & les Etats, que la plus ſubtile & induſtrieuſe malice de quelques eſprits que ce puiſſe être.

Il eſt vrai que pendant que les Reines Catherine & Marie de Médicis ont eu part au Gouvernement des Etats, & qu'à leur ombre diverſes Femmes ſe mêloient des affaires, il s'en eſt trouvé de puiſſantes en eſprit & en attraits, qui ont fait des maux indicibles, leurs charges leur ayant acquis les plus quafiés du Royaume & les plus malheureux, elles en ont tiré cet avantage à leurs fins, qu'étant fervies d'eux felon leurs paffions, ils ont fouvent deffervi ceux qui ne leur étoient point agréables, parce qu'ils étoient utiles à l'Etat.

Je pourrois m'étendre fur ce fujet, mais divers refpects tiennent ma plume, qui pour n'être pas capable de flatterie, lorfqu'elle la condamne ouvertement, ne peut s'exemter de remarquer que les favoris dont j'ai parlé au Chapitre précédent, tiennent fouvent lieu de ceux dont je viens d'examiner la malice.

Enfuite de ces vérités, il ne me refte rien à dire, finon qu'il eft impoffible de garantir les Etats des maux dont ces divers genres d'efprits peuvent être caufe qu'en les éloignant de la Cour, ce qui eft d'autant plus néceffaire, qu'on ne fçauroit garder un ferpent dans fon fein, fans s'expofer au hazard d'en être piqué.

Fin du Tome premier.

AVIS AU RELIEUR

Pour l'arrangement des quatre Volumes des Teſtamens politiques.

TOME I.

Il contiendra la I. Partie du Teſtament du Cardinal de Richelieu.

TOME II.

La II. Partie du Teſtament de Richelieu, & le Teſtament du Duc de Lorraine.

TOME III.

Le Teſtament de M. Colbert.

TOME IV.

Le Teſtament de M. de Louvois.